우리도 사랑할 수 있을까

우리도
사랑할 수
있을까

행복하려거든 사랑하라

오연호 지음

꿈틀거리고 싶은 당신에게

이렇게 많은 일들이 벌어질 줄은 몰랐다.

내가 처음으로 덴마크 코펜하겐(Copenhagen)을 찾아간 것은 2013년 봄이었다. 그해 봄은 참 힘들었다. 새로운 봄은 찾아왔지만 나는 흔들리고 있었다. 그날은 정말 오지 않는 것일까? 유독 길었던 겨울, 〈그날이 오면〉이라는 노래를 그토록 목 놓아 불렀던 이들은 새로운 봄 그 따스한 햇살을 마주하고도, 결국 오지 않은 그날에 절망해 고개 숙인 눈에 눈물을 그렁그렁 담고 살았다. 나도 그랬다.

우리가 노력하면 더 좋은 세상은 오는 것일까? 그렇게 되리라는 확신으로 살아온 인생이 어쩌면 그렇지 않을 수도 있다는 철퇴를 맞으니 흔들릴 수밖에 없었다. 내가 그렇게 주눅이 들다 보니 나보다 더 아파하는 옆 사람을 보고도 손을 내밀 수가 없었다.

나부터 추슬러야겠다! 그래서 덴마크를 찾아갔다. 지구상에서 가장 행복하다는 그 사회에서 확인하고 싶었다. 그날은 온다는 것을. 내가 더 나은 세상을 위해 노력하고, 옆 사람과 어깨동무하고 더불어 꿈꾸면 그런 세상이 온다는 것을. 그런 세상은 위로부터가 아니라 아래로부터 가능하다는 것을. 대통령도 정치인도 정치평론가도 아닌 우리가, 시민들이 그런 세상을 만들어내는 주역이라는 것을. 그런 세상이 오면 그 혜택은 나의 행복, 우리의 행복으로 주어진다는 것을.

행복지수 세계 1위의 나라 덴마크는 이런 나의 기대를 저버리지 않았다. 나는 이 나라를 엿보던 끝에 더 깊이 공부하게 되었다. 첫 번째 방문 이후 세 번을 더 찾아가 1년 6개월간 연구했다. 그리고 결국 이 나라를 사랑하게 되었다. 덴마크가 나를 힘들게 했던 '시대의 우울'을 치료해줬기 때문이다. 치료제는 다음과 같은 내용들을 눈으로 확인하는 것이었다.

'그날은 오는구나. 인간이 더불어 함께 꿈꾸면 더 좋은 세상은 오는구나. 오늘 내가 이렇게 꿈틀거리는 것이 결코 헛된 것이 아니구나.'

또한 그 약의 결정적인 효과는 이렇게 나타났다.

'덴마크를 행복지수 1위의 나라로 만든 요소들은 덴마크인들만의 것이 아니구나. 우리의 것이기도 하구나. 사람의 것이구나. 인간이 인간답게 살려면 무엇이 필요한가에 대한 것이구나. 그들과 우린 동지구나.'

나는 내가 본 희망을 혼자만 간직할 것이 아니라 〈오마이뉴스〉 독자와 나누고 싶었다. 그래서 연재 기사를 올렸더니 제법 반향이 컸고 여기저기서 강연 요청이 들어왔다. 학습 자료로 쓸 수 있도록 책으로 만들어달라는 요청까지 있었다. 이런 성원에 힘입어 2014년 9월,《우리도 행복할 수 있을까 – 행복지수 1위 덴마크에서 새로운 길을 찾다》가 세상에 나왔다. 처음 덴마크를 방문할 당시에는 나를 추스르려는 목적 하나뿐이었는데, 막상 독자들과 만나 이야기를 나누다 보니 예정에 없던 책까지 펴내게 된 것이다.

그런데 그 이후 또다시 이렇게 많은 일들이 벌어질 줄은 몰랐다.

14

내가 지난 5년 동안 덴마크를 방문한 횟수다. 한 나라를 이렇게 자주 방문하게 될 줄은 몰랐다.

10

《우리도 행복할 수 있을까》를 읽은 한 독자가 강연장에서 '저자와 함께하는 덴마크 여행'을 제안했다. "덴마크가 얼마나 행복한 나라인지 내 눈으로 직접 보고 싶다. 나도 그곳에 가서 힘을 얻고 싶다.” 그래서 덴마크 행복여행 꿈틀비행기 프로그램이 10회까지 만들어졌다. 게다가 내가 여행가이드 역할까지 맡게 되었다.

302

꿈틀비행기에 올랐던 탑승객 수다. 나와 함께 7박 9일간 덴마크 행복여행을 다녀온 사람들이다. 덴마크에는 세계적으로 알려진 유명 관광지가 없다. 가장 높은 산이 172미터밖에 되지 않는다. 1년 중 해를 제대로 볼 수 있는 날은 50여 일밖에 안 된다. 그래도 참가 자들은 감동의 눈물을 흘리고 온다. 이렇게 살 수도 있구나!

801

《우리도 행복할 수 있을까》를 출간하고 2014년 가을부터 전국 순회 행복특강을 시작했다. 처음에는 주요 도시를 돌면서 20회 정도 강연하는 것을 계획했는데, 어느덧 800회를 넘겼다. 나에게 강연은 또 다른 기사 쓰기이다. 어떤 이는 기자 오연호는 왜 요새 기사를 쓰지 않느냐고 묻는다. 나는 지금 내 기자 인생에서 가장 긴 연재 기사를 강연으로 대신하고 있다.

100,000

‘우리도 행복할 수 있을까’를 주제로 전국의 강연장에서 만난 사람들의 수다. 교육계 쪽으로 학생, 학부모, 교사, 교장, 장학사 등을 비롯해 공무원, 직장인, 청년, 목사, 스님, 기업가 등 참으로 다양한 부류의 시민들을 만났다. 나는 그들을 만나 대한민국 시민들이 무엇 때문에 울고 웃는지 배울 수 있었다. 특별히 새로웠던 것은 대한민국 미래 세대와의 만남이었다. 강연장에서 함께한 10만 명 중 절반은 중고등학생들이었다.

69

801회의 강연은 전국 곳곳에서 이뤄졌다. 부산, 대구, 광주, 대전 등 지방 대도시는 물론 시군 단위까지 찾아갔다. 경북 의성·칠곡, 강원 태백·정선, 전남 무안, 전북 전주·진안·장수 등 그동안 한 번도 가보지 못했던 곳을 강연이라는 인연으로 방문했다. 그러다 보니 어느 해에는 69일이나 외박을 했다.

282,543

강연을 위해 내가 이동한 거리(킬로미터)이다. 지구를 일곱 바퀴 돈 것이나 마찬가지다. 서울에서 부산까지 편도로 700회 넘게 달린 셈이다.

많은 사람들이 내게 물었다. 우리나라 전국을 비롯해 덴마크까지 오가며 같은 주제로 801회나 강연할 수 있는 힘은 어디에서 나오는지. 어쩌면 그 힘은 내가 태어난 고향, 전라남도 곡성군 죽곡면 용정리에서 생겨난 것일지도 모른다. 50가구밖에 안 되는 이 산골 마을은 내게 스스로, 더불어, 즐겁게 산다는 것이 무엇인지를 보여주었다. 비록 가난하긴 했지만 인생은 즐겁다는 것을 나의 내면 깊숙이 장착할 수 있었다.

무엇보다 행복한 공동체가 어떤 모습을 하고 있는지 내게 그 원형을 보여주었다. 그것은 행복사회 덴마크와 다름없었다. 대한민국 사회가 행복한 공동체의 원형으로부터 멀어지면 멀어질수록 나는 그 가치를 복원해보고 싶다는 사명감이 들었다. 내가 본 희망을 한 사람에게라도 더 전해주고 싶었다.

800회가 넘도록 강연을 할 수 있었던 보다 분명한 원동력은 나 스스로 재미가 있어서였다. 내게 강연을 요청한 사람들은 어떤 방식이든 어떤 속도로든 뭔가 꿈틀거리고 있거나 꿈틀거리고 싶어 했다. 그 덕분에 나도 힘을 얻었고 많은 것을 배웠다. '사람이 살아 있다는 것은 꿈틀거린다는 것입니다'라는 문구도 한 강연장에서 얻었다. 그날 그 강연장에 모인 사람들은 정말 꿈틀거리고 있었다. 진정 살아 있었다. 그런 기운을 얻어 가는 재미가 쏠쏠했다.

뭐니 뭐니 해도 가장 큰 재미는 강연장에서 독자들과의 만남이 거듭될수록 전혀 계획하지 않았던 가슴 뛰는 일들이 새로 벌어진다는 것이었다. 저자와 독자가 '우리는 무엇을 할 것인가'를 토론하며 웃고 울다 보니 그 집단 지성에 의해 새로운 실천거리가 만들어졌다. 우리의 꿈틀거림을 나누기 위해 사단법인 꿈틀리가 만들어졌고, 꿈틀버스가 달렸고, 꿈틀비행기가 날았다. 이 책 3장에서 자세히 다룬 꿈틀리 인생학교도 이렇게 만들어졌다.

나는 내가 학교 설립자가 될 줄은 몰랐다. 강연장에 모인 독자들에게 덴마크의 여러 모습 가운데 무엇이 가장 부러우냐고 물었다. 100가지가 부럽지만 딱 한 가지만 우선 실천한다면 그게 무엇이냐고 물었다. 독자들은 대부분 에프터스콜레(efterskole)라고 답했다. 덴마크의 교육과정인 에프터스콜레는 '1년간 쉬었다 가는 기숙형 인생설계학교'다. 중학교를 졸업한 아이들이 고등학교에 가기 전 '1년간의 수학여행'을 떠나는 셈이다.

앞만 보고 달려가야 하는 대한민국 학생들에게 옆을 볼 자유를 주자! 자기주도적 학습에 머물지 않고 자기주도적 인생을 살게 하자! 그래서 2016년 3월 인천광역시 강화도 불은면 넙성리에 30명 정원의 꿈틀리 인생학교를 개교했고, 지금까지 순조롭게 운영하고 있다. 이 인생학교는 단순히 또 하나의 학교가 아니다. 대한민국 학생과 시민에게 이 학교는 묻는다. 우리는 어떤 인생을 살아야 할까?

나는 이 학교에서 국어 선생님을 맡고 있다. 학교 설립자와 국어 선생님. 2013년 덴마크로 처음 떠날 때만 해도 전혀 상상하지 못했던 새로운 길을 나는 걷고 있다.

나는 또다시 가슴이 설렌다. 어떤 새로운 길이 내 앞에 열릴 것인가. 내 안에 있는 또 다른 나는 언제 어떤 모습으로 나타날 것인가. 그 설레는 마음으로 나는 지금 2막을 올리고 있다. 2018년 새

봄에 이 책《우리도 사랑할 수 있을까》를 세상에 내놓으면서.

1막은《우리도 행복할 수 있을까》였는데 2막은《우리도 사랑할 수 있을까》로 진화했다. 앞선 책이 이론 편이라면 이 책은 실천 편이다.《우리도 행복할 수 있을까》가 '왜 덴마크는 행복지수 1위의 나라가 되었는가'를 취재하고 분석하는 것에 중점을 두면서 '우리는 어디로 가야 할 것인가'에 대한 단서를 제공하고 있다면,《우리도 사랑할 수 있을까》는 그 후에 벌어진 일들을 담고 있다. 그동안 우리가 어떻게 꿈틀거려왔는가를 깊게 들여다보았기에 1막보다 더 웃음과 눈물이 범벅되어 있지만, 밝고 경쾌하며 희망적이다. 1막의 물음표를 2막은 느낌표로 만든다. 우리도 행복할 수 있다!

《우리도 사랑할 수 있을까》는 일종의 발제문이다. 꿈틀거리고 있는 당신에게, 꿈틀거리고 싶은 당신에게 보내는 오연호의 프러포즈다. 물론 이 책 한 줄 한 줄의 출처는 801회의 강연장에서 만난 10만 명의 꿈틀리 마을 주민들이다. 그런 면에서 보면《우리도 사랑할 수 있을까》는 10만 꿈틀리 주민의 대합창이기도 하다.

무엇을 할 것인가? 그동안 800회가 넘는 강연과 토론을 통해 우리는 확인했다. 덴마크와 대한민국은 내세우는 가치만 놓고 보면 참 똑같다는 것을. 덴마크를 행복지수 1위로 만든 여섯 개의 키워드는 자유, 안정, 평등, 신뢰, 이웃, 환경이다. 이것을 다시 세 단어로 표현하면 '스스로, 더불어, 즐겁게'다. 우리도 역시 소중하게 여기고 있지 않은가? 대한민국 학교의 교실마다 붙어 있는 것이 '더불어 행복한 학교'다. 내세우는 가치가 덴마크와 다를 바 없다. 특히 대한민국 헌법 10조를 보면 놀랍도록 같다. "모든 국민은 인간으로서의 존엄과 가치를 가지며, 행복을 추구할 권리를 가진다."

덴마크가 세계에서 가장 행복한 나라가 된 것은 대한민국 헌법 10조의 정신을 잘 지키고 사회와 문화 속에서 구현하고 있기 때문이다. 내세우는 것은 덴마크와 대한민국이 똑같지만, 저들은 그것을 삶 속에서 문화로 만들었고 우리는 아직도 추진 중이다. 예를 들어 우리는 일부 학교에만 시범적으로 혁신학교를 만들고, 중학교 때 한 학기 혹은 두 학기만 자유학기제를 실시하고 있다. 하지만 덴마크는 모든 학교, 모든 학년의 학생들이 자유와 혁신을 누리는 문화가 이미 잘 정착되어 있다.

두 나라의 이런 차이는 어디에서 오는 것일까? 무엇이 중요한지 두 나라 모두 알고 있는데 왜 덴마크는 그것을 문화로 정착시켰고 우리는 여전히 모색 중일까? 왜냐하면 우리는 제대로 실천하지 않았기 때문이다. 다시 말해 확고한 철학을 가지고 확실하게 실천하지 않은 것이다.

인간은 누구나 행복을 원한다. 그리고 그것을 이루려면 사회 구성원들이 철학을 공유해야 한다. 덴마크는 내가 행복하려면 우리가 행복해야 한다는 철학을 가지고 그것을 교실에서 또 사회에서 실천했다. '나는 루저(패배자)야'라고 생각하는 사람을 최소화하기 위해 노력했다. 90퍼센트 이상을 승자로 만들어내려고 노력했다.

그렇다면 대한민국은 어떤 철학을 가졌을까? 말로는 '우리'를 내세웠지만, 현실에서는 '나'만 중시되고 '우리'가 부실했다. 나의 1등급, 나의 아파트, 나의 성공, 나의 출세를 위해 경주마처럼 달리느라 옆 사람이 어떤 처지에 놓여 있는지 보지 못했다. '우리'에 대해 생각할 겨를이 없었다. 모두가 10퍼센트 안에 들기 위해 경쟁하기 때문에 교실에서도 사회에서도 90퍼센트에 달하는 패자들이 넘쳐난다. "모든 국민은 인간으로서의 존엄과 가치를 가진다"는 헌법 10조는 죽어버린다. 이렇게 되면 10퍼센트 안에 든 승자들도 결코 행복할 수 없다.

그래서 제대로 된 실천, 철학을 가진 실천이 필요하다. '내가 행복하려면 우리가 행복해야 한다'는 사회철학을 재정립하고 제대로 실천해야 한다. 나는 그동안 801회에 달하는 강연 현장에서 그 제대로 된 실천의 실체가 무엇일까에 대해 혼자 사색하기도 하고 청중들과 토론해보기도 했다.

그렇게 해서 다음과 같은 결론을 얻었다.

행복하려거든 사랑하라.
우선 나를 사랑하라.
대한민국 헌법 10조가 보장하는 것처럼
인간으로서의 존엄과 가치가 있고 행복을 추구할 권리가 있다.

나를 사랑하라.

그리고 그 힘을 기반으로 이웃을 내 몸처럼 사랑하라.

《우리도 사랑할 수 있을까》는 '행복하려거든 사랑하라'를 실천하고 있는, 그러기 위해 꿈틀거리고 있는 꿈틀리 마을 주민들의 이야기다. 새봄, 이 책을 펼친 당신을 꿈틀리 마을로 초대한다.

다행히 지금은 꿈틀거리기 참 좋은 시절이다. 대한민국 사회는 최근 현대사 전체를 통틀어 가장 뜨거운 혁신을 경험하고 있다. 이 혁신 드라마의 주인공은 바로 국민들이다. 헌법 1조 "대한민국의 주권은 국민에게 있고, 모든 권력은 국민으로부터 나온다"는 것을 촛불혁명으로 보여준 국민들이다. 2016년 가을과 겨울, 그리고 2017년 봄까지 이어진 촛불혁명은 정권 교체를 앞당겨 이뤄냈다.

1막《우리도 행복할 수 있을까》를 올리기 전에는 박근혜 정권의 탄생이 있었고, 세월호 비극이 터졌다. 2막《우리도 사랑할 수 있을까》를 올리는 지금은 촛불이 박근혜 대통령을 탄핵한 뒤이며 촛불이 만든 문재인 정권이 적폐청산과 사회개혁을 해나가고 있는 중이다. 정치적 환경이 확 달라졌다.

하지만 촛불혁명이 만들어낸 이런 정치적 변화는 필요조건일 뿐 충분조건이 아니다. 시작일 뿐 완성은 아니다. 정권 교체는 무엇을 위해 하는가? 사회 교체를 위해서다. 정권 교체도 중요하지만 그보다 더 중요한 것은 사회 교체다. 덜 행복한 사회를 더 행복한 사회로 교체하는 일이다. 10퍼센트만 승자가 되는 사회를 90퍼센트 이상이 승자가 되는 사회로 바꾸는 일이다.

촛불혁명 과정에서 나온 국민들의 외침 가운데 가장 핵심적인 것은 "이게 나라냐"였다. 그렇다면 나라다운 나라의 정체는 무엇일까? 국민을 위하는 반듯한 정부, 국민과 소통하는 민주적인 대통령을 갖는 것도 나라다운 나라의 중요한 요소다. 그러나 가장 중요한 것은 국민 개개인이 '헌법 10조가 나를 보호하고 있다'고 실감하는 것이다. 나는 그 징표를 두 가지로 확인할 수 있다고 본다.

첫째, 학생들의 경우 초등학생 때의 표정이 고3 때까지 유지될 수 있는가?

둘째, 경제활동을 하는 성인들의 경우 주말뿐 아니라 주중에도 즐거운가?

이 두 가지 질문에 대해 모두 '그렇다'고 답할 수 있는 국민이 대다수를 이룰 때 나라다운 나라라고 생각한다. 학생이든 어른이든 자신에 대한 존엄과 가치가 느껴질 때 주눅 들지 않고 참여할 수 있다. 나라다운 나라가 되고 행복사회가 되면, 학생 때는 교실에 들어가는 것이 부담스럽지 않고, 어른이 되어서는 동창회에 나가는 것이 부담스럽지 않을 것이다. 덴마크는 이미 그렇게 되었고, 대한민국은 앞으로 그렇게 되어야 한다.

그런 의미에서 촛불혁명은 계속되어야 한다. 정권을 교체하는 데 끝나지 않고 사회를 교체해야 한다. 내 삶 속, 우리 삶 속의 철학과 문화를 재점검하고 혁신해야 한다. 광화문 광장이 아닐지라도 촛불과 횃불이 아닐지라도 우리 가정, 우리 동네, 우리 회사, 우리 학교에서 꿈틀거림이 계속되어야 한다.

오늘, 지금, 나부터, 꿈틀.

나는 '꿈틀'이라는 단어를 사랑한다. 꿈틀댄다는 것은 활개 치는 것과는 다르다. 내가 독자 여러분에게 활개를 치라고 하면 얼마나 부담스럽겠는가? 꿈틀거림에는 '꼼지락'도 포함된다. 어떤 작은 실천도 의미 있다는 말이다. 이 책에서 공감 가는 대목 한 줄을 SNS나 메신저 대화방에 올리는 것도 의미 있는 꿈틀거림이다. 꿈틀이라는 단어에는 꿈틀의 강도, 꿈틀의 보폭, 꿈틀의 방향 등 다양성을 인정한다는 뜻이 내포되어 있다. 우리, 꿈틀거리되 서로의 차이와 조건을 인정하고 포용하며 유연하게 더불어 함께 가자.

내일은 반드시 온다. 하지만 그 내일은 그냥 오지 않는다. 내일은 우리의 오늘이 만들어간다. 정권 교체 시기는 5년 만에 온다. 그러나 사회 교체는 매일매일 이뤄진다. 내가 결심하는 지금 이뤄진다. 내가 나를 사랑하고 그 힘을 기반으로 이웃을 내 몸처럼 사랑하는 꿈틀거림을 시작할 때, 사회 교체는 이미 진행 중이다. 행복한 인생은 행복한 사회가 완성되는 10년, 20년, 30년 후에나 가능한 것이 아니다. 내가 꿈틀거림을 시작할 때, 그래서 내가 살아 있음을 확인할 때 행복한 인생은 시작된다.

행복하려거든 살아 있으라.

행복하려거든 꿈틀거려라.

행복하려거든 사랑하라.

응답하라 그대여,

나도 사랑할 수 있다.

우리도 사랑할 수 있다.

2018년 새봄

오연호

차례

여는 글: 꿈틀거리고 싶은 당신에게 4

1장   스스로 선택하니 즐겁다 23
그대,   '나'를 잃지 않으려면 32
살아 있는가   인생의 실패자는 없다 43
           '더불어 함께' 살아가는 방법 56
           모범 인생과 세상의 눈치 62
           꿈틀거려도 되겠습니까 68

2장   잘하지 않아도 괜찮다 83
왜   1등의 삶은 행복한가 93
사랑하지   내 안의 또 다른 나 104
못할까   어떤 인생을 살 것인가 114
           자유로운 개인, 끈끈한 공동체 126
           행복하려거든 사랑할 것 138
           못난 철학을 버려야 할 때 144
           세상에 맞서는 용기 152
           사랑이 밥 먹여준다 158

3장   쉬었다 가도 괜찮다 167

옆을 볼   내 삶을 경영하는 훈련 178
자유
즐길 준비가 되어 있다면 182

선입견을 버리면 잠재력이 보인다 187

고마운 봄비 193

인생학교의 실험은 계속된다 197

4장   부모의 철학이 중요하다 209

우리 안에   오늘 지금 나부터 꿈틀 219
또 다른
우리가 있다   행복의 기준을 바꾸면 229

어떤 인생을 권할 것인가 234

이미 늦은 인생은 없다 240

우리 안에도 덴마크가 있다 250

새로운 씨앗을 뿌리는 사람들 259

사랑을 시작하기 위하여 263

1장

—

그대,
살아 있는가

스스로 선택하니 즐겁다

"결국 무엇이 가장 중요한 것 같습니까?"

강연장에서 독자들을 만날 때마다 이 질문을 빼놓지 않는다.

"행복한 개인, 행복한 사회를 만들기 위해 가장 중요한 것이 무엇입니까?"

"덴마크라는 나라를 전 세계에서 행복지수 1위로 만든 힘은 무엇이라고 생각합니까?"

나는《우리도 행복할 수 있을까》에서 덴마크가 행복지수 1위의 나라가 된 것은 다음 여섯 가지가 삶의 문화로 정착되었기 때문이라고 분석했다.

자유, 안정, 평등, 신뢰, 이웃, 환경.

그런데 이 책을 펴낸 뒤 800회가 넘는 강연에서 독자 10만 명을 만나 '그렇다면 우리는 무엇을 할 것인가'를 토론하고, 또 꿈틀비행기라는 이름으로 저자와 독자가 함께 떠나는 덴마크 7박 9일 행복여행 프로그램을 10회 진행하면서 '무엇이 인간을 행복하게 하는가'를 논의한 결과, 다음 한 문장을 얻었다.

'스스로 선택하니 즐겁다.'

선택의 자유를 누릴 수 있고 스스로 선택한 것을 했더니 바로 지금 즐거운 것, 이것이 인간 행복의 기본 가운데 기본이다.

그런데 우리의 현실은 어떤가. 손꼽히는 명문대에서 강연을 할 때였다. 200여 명의 대학생들에게 물었다.

"지금 다니고 있는 과를 스스로 선택했고, 지금 그 과에서 공부하면서 '스스로 선택하니 즐겁다'는 기분을 느끼고 있는 학생, 손 들어보세요."

그랬더니 20여 명만 손을 들었다. 나는 손을 들지 않은 나머지 90퍼센트의 학생들 중 몇 명에게 마이크를 갖다 댔다.

"손을 안 들었는데, 스스로 전공을 선택하지 않았나요? 그럼 왜 이 과에 왔어요?"

학생들마다 대답이 거의 한결같았다.

"점수에 맞춰서 왔습니다."

이것이 대한민국의 현실이다. 대학의 전공조차 스스로 선택하지 못하고 '점수에 맞춰' '사회적 눈치'를 봐가면서 정했다면 즐거움

또한 얻기 힘든 것 아닌가?

꿈틀비행기를 타고 독자들과 함께 덴마크를 여행할 때마다 숲유치원에 들른다. 덴마크의 유치원은 100퍼센트 국공립이며 그중 약 20퍼센트가 숲속에 있는 숲유치원이다. 우리가 방문한 스톡홀름스가우에(Stockholmsgave)는 25년 전부터 운영되고 있는 숲유치원이다. 원장인 쇠렌 에밀 마르케프란(Søren Emil Markeprand) 씨의 안내로 유치원에 들어섰을 때 일단 부러운 것이 규모였다. 어린아이들이 뛰어놀 수 있는 숲놀이터가 3000평이나 되었다. 오전 10시 30분경이었는데 100여 명의 아이들이 숲 이곳저곳에서 놀고 있었다. 몇 명은 모래장난을 하고 다른 몇 명은 물놀이를 하고 있었다. 언덕 너머의 아이들 3~4명은 숲속을 탐험하듯 여기저기 뛰어다니고 있었다.

원장에게 지금이 무슨 시간이냐고 물어봤다. 어떤 수업을 하는 중이냐고 물은 것인데 뜻밖의 답이 돌아왔다.

"수업 시간이 아니라 그냥 노는 중입니다. 우리 유치원에는 프로그램이 없습니다. 아이들이 오전 9시에 등원해서 오후 3시에 집으로 돌아가는데, 그동안 우리 유치원은 어떤 프로그램도 진행하지 않습니다. 프로그램이 없으면 어떤 일이 벌어질까요? 아이들 스스로 놀이거리를 찾아서 놀게 됩니다."

원장의 말을 듣고 다시 주변을 살펴보니 정말로 아이들이 스스로 놀고 있었다. 몇몇은 선생님과 벌레를 잡고, 몇몇은 닭을 쫓아다니며 놀고, 몇몇은 사과 주스 만드는 일에 참여하고 있었다. 일제히 모여서 선생님 말씀에 귀를 기울이는 전통적인 수업의 모습은 보이지 않았다. 덴마크 사람들의 '스스로 선택하니 즐겁다'는 정신은 이렇게 유치원 때부터 구현되고 있었다.

스스로 선택하는 즐거움을 위해 이 유치원에서는 국어, 영어, 수학의 선행 학습을 금지하고 있다고 원장은 덧붙였다.

"유치원 시기의 아이는 아직 뇌가 충분히 발달되지 않은 상태입니다. 이때 알파벳을 배운다든가 숫자를 배운다든가 하면 안 됩니다. 그저 몸과 마음이 시키는 대로 움직이는 것이 가장 중요합니다. 수업 시간에 숫자를 배우는 것이 아니라 '아, 저기 닭 한 마리가 오는구나. 저 닭이랑 놀아야겠다'는 식으로 실생활 속에서 숫자 1의 개념을 느끼고 배웁니다."

여기까지 듣다가 우리 중 한 명이 원장에게 이런 질문을 했다.

"스스로 놀게 하는 것이 좋아 보이긴 하지만, 3000평이나 되는 이 넓은 숲에서 아이들이 놀다 보면 다칠 수도 있잖아요. 덴마크 부모들은 그런 걱정을 별로 하지 않나요?"

원장은 그동안 이런 질문을 많이 받아왔다는 듯 단박에 답했다.

"놀다 보면 다칠 수 있습니다. 하지만 아이들은 다치는 과정 속에서도 배웁니다. 너무 빨리 달리다가 넘어져서 다쳤다면, 달릴 때 속도 조절을 어떻게 할 것인가를 배우게 될 겁니다. 무릎에 상처를

우리가 교육이라는 이름으로 행하는 모든 것의 최종 지향점은 무엇일까?
'그래, 인생은 즐거운 거야'라는 생각을 심어주는 것이 아닐까?

입거나 발바닥에서 피가 나는 등 다친 아이들이 여럿 있었습니다. 하지만 그 어떤 부모도 우리를 원망하지 않아요. 그것도 배움의 과정이라고 공감하기 때문이죠."

그렇다면 이 유치원에서 선생님의 역할은 무엇일까? 주변을 보니 기타를 치면서 노래 부르는 선생님, 사과를 따서 주스를 만들고 있는 선생님, 얼굴 표정이 안 좋아 보이는 한 아이를 껴안고 뭔가 속삭이고 있는 선생님 들이 보였다. 그들은 아이들에게 뭔가를 '주입'하고 있는 것이 아니라 아이들과 함께 '생활'하면서 아이들이 '스스로, 더불어, 즐겁게' 잘 뛰어놀고 있는지 살피고 있었다.

우리 일행은 이 유치원을 견학하고 다들 무척 감동을 받은 표정이었다. 그중에는 한국에서 유치원을 운영하고 있는 원장 선생님도 있었는데, 돌아오는 버스 안에서 소감을 말하면서 울먹였다. "우리나라 유치원 아이들을 떠올리니……"라며 말을 잇지 못했다. 순간 버스 안이 숙연해졌다.

반면 그다지 큰 감동을 받지 않은 사람도 있었다. 바로 나였다. "우리는 프로그램이 없다. 아이들이 스스로, 더불어, 즐겁게 놀 수 있도록 해줄 뿐이다"라고 말한 덴마크 숲유치원 원장과 교사, 자유롭게 놀고 있는 덴마크 아이들을 보고서도 나는 왜 별다른 감동을 받지 않은 걸까? 나는 덴마크의 숲유치원에 막 들어선 순간부터 '어디서 많이 본 풍경인데?'라는 생각이 들었다. 그렇다. 나는 이런 모습을 내 고향 산골 마을에서 이미 봐왔다.

내 고향은 전남 곡성군 죽곡면 용정리다. 이 마을은 50여 가구밖에 안 되는 전형적인 배산임수(背山臨水)의 자그맣고 예쁜 산속 동네다. 이곳에서 나와 친구들은 어떻게 어린 시절을 보냈던가? 오랜 세월이 흘렀지만 그때 우리가 했던 놀이들과 놀이터들은 또렷하게 기억이 난다. 우리 집이 있었던 윗골목에서는 자치기를 하면서 놀았고, 강변에서는 목욕을 하면서 놀았다. 그리고 지게를 지고 뒷산에 올라가 나무를 하면서 놀았다.

그 시절 우린 너무 즐거웠다. 쏘다니며 노는 것이 너무 즐거워서, 어린 시절 늦잠을 자본 기억이 별로 없다. 뒷집 형이랑 아랫집 동생이랑 몰려다니며 오늘은 또 어떤 재미나는 일을 벌일까 생각하면 가슴이 뛰어서 도저히 늦잠을 잘 수가 없었다.

그 시절 우린 다음 주 계획을 세우지 않았다. 오늘 바로 놀 것들이 넘쳤기 때문에 그럴 필요가 없었다. 눈이 오면 눈싸움을, 비가 오면 물놀이를, 진달래꽃이 피면 한 아름 꺾어 먹으며 산길을 내달렸다. 배가 고픈 차에 닭이라도 한 마리 눈에 띄면 우리는 닭백숙을 끓여 먹자고 그 자리에서 작당했다. 어른들 몰래 각자의 집에서 솥과 쌀을 가져오고, 연기를 먹어가며 불을 피워 결국 닭백숙을 배불리 먹었다. 그런 다음 닭 주인에게 붙잡혀 귀싸대기를 실컷 얻어맞고 나서도 또 깔깔깔 웃어대며 해가 다 저물어서야 집으로 돌아갔다.

그 시절 우리 사이에는 차별이 없었다. 누가 공부를 잘하는지 누가 꼴찌인지 알았어도, 누가 부잣집 자식이고 누가 머슴집 출신 자식인지 알았어도, 우리는 차별 없이 잘 놀았다.

우리는 그렇게 '스스로, 더불어, 즐겁게' 자라났다. 그 과정에서 우리는 '그래, 인생은 즐거운 거야'라는 체험을 자연스럽게 몸과 마음에 새겼다.

우리가 교육이라는 이름으로 행하는 모든 것의 최종 지향점은 무엇일까? 우리가 교육이라는 이름으로 아이들을 대할 때, 그 아이들에게 안겨줘야 할 가장 큰 선물이 있다면 무엇일까? 그 선물은 어쩌면 한 아이에게 '그래, 인생은 즐거운 거야'라는 생각을 심어주는 것이 아닐까? 적어도 우리 동네는 어린 시절 나에게 그런 생각을 심어줬다고 단언할 수 있다.

그래서 나는 덴마크의 숲유치원을 보고도 크게 감동하지 않았다. 찬찬히 생각해보면 내가 어린 시절을 보낸 우리 동네의 교육 방식은 덴마크 유치원보다 오히려 더 선진적이지 않았나 싶다. 왜냐하면 덴마크의 숲유치원은 프로그램이 없을 뿐이지만 우리는 프로그램도 없을뿐더러 선생님도 없었기 때문이다. 유치원 자체가 없었다. 그런데도 우리는 '스스로, 더불어, 즐겁게'를 완벽하게 해냈다.

그래서일까. 덴마크의 숲유치원에 다녀온 날 밤, 하마터면 눈물을 쏟을 뻔했다. 홀로 코펜하겐 뒷골목 맥주집에서 칼스버그 맥주잔을 기울이고 있는데 아까 숲유치원에서 뛰어놀던 덴마크 아이들과 고향 동네에서 나와 함께 뒹굴던 친구들이 겹쳐지면서 눈물이 쏟아지려 했다. 이런 생각이 들었기 때문이다.

'나는 비싼 비행기 삯을 들여가며 13시간을 날아와 덴마크가 어떻게 행복지수 1위의 나라가 되었는지 행복은 어디에서 오는지를 뒤지고 있는데, 알고 보니 그게 덴마크만의 것이 아니었구나. 이게 우리의 것이기도 했구나. 이게 전남 곡성군 죽곡면 용정리의 것이었구나.'

우리는 그 소중한 것을 서울, 부산, 대구, 광주 등 대도시를 중심으로 이루어진 산업화와 도시화 과정에서 거의 다 잃어버렸는데, 덴마크는 수도 코펜하겐에서까지 그것을 여전히 간직하고 있었다. 그 차이는 무엇일까? 우리는 왜 버릴 수밖에 없었고 그들은 어떻게 유지할 수 있었을까? 우리는 그것을 복원해내기 위해 무엇을 해야 할까?

'나'를 잃지 않으려면

지역 교육청에 강연을 하러 갔다. 강연 전에 교육감과 점심 식사를 하고 차를 한잔 마시는 중이었는데 그가 갑자기 윗옷 주머니를 만지작거리더니 테이블에 A4 용지 몇 장을 꺼내 놓았다.

"제가 요즘 이걸 가슴에 품고 다닙니다."

그가 보여준 것은 한 초등학생이 쓴 일기의 복사본이었다.

"학부모들과 선생님들을 만날 때마다 우리 아이들이 얼마나 심각한 상태에 놓여 있는지 보여주기 위해 이걸 갖고 다닙니다."

교육감은 그곳에서 그해에만 몇 명의 학생이 스스로 세상을 버렸는지 설명하면서 더 이상 이대로 가면 안 된다고 말했다. 나는 그 초등학생의 일기를 집어 들고서 읽기 시작했다. 3학년쯤 되어

보이는 아이의 글씨는 이렇게 절규하고 있었다.

저는 제가 살고 있는 것이 아닙니다. 우리 엄마가 살고 있습니다.

　내가 살고 있는 게 아니라 엄마가 살고 있다니⋯⋯. 일기는 스스로 선택하는 즐거움을 박탈당한 아이가 얼마나 큰 고통 속에서 하루하루를 살아가고 있는지 묘사하고 있었다.
　또 다른 초등학교 고학년의 일기는 어른들을 향한 분노와 협박을 담고 있었다. 어른들을 '너희'라고까지 부르면서.

너희들은 모르지, 우리가 이러다가 무슨 일을 저지를 수도 있다는 것을.

　나는 이 일기들을 보고 적잖은 충격을 받았다. 우리나라 청소년 사망 원인 중 1위가 자살이라는 사실도 떠올랐다. 가슴이 먹먹해지면서 그 아이와 그 아이의 엄마가 마주한 장면들이 그려졌다.
　이 아이들의 엄마는 왜 아이가 하루하루 무엇을 할 것인지를 스스로 선택하게 하지 않고 일일이 개입해 관리했을까? 그런 방식으로 아이를 관리하는 엄마를 학부모 대상 강연장에서 만나 질문해 보면 사랑하기 때문이라고 말한다. 엄마는 사랑이라는 이름으로 아이가 스스로 선택할 자유, 옆을 볼 자유를 제한한다.

"이 세상이 어떤 세상입니까? 솔직히 말해 10퍼센트 안에 들어야 주눅 들지 않고 실 수 있는 세상이잖아요. 만약에 우리 아이가 나중에 커서 10퍼센트 안에 못 들어 기를 펴지 못하고 산다면 얼마나 불행하겠어요? 저는 부모로서 그걸 미리 예방하기 위해 관리를 합니다. 관리를 받는 우리 아이가 지금은 비록 고통스럽겠지만 나중에는 엄마를 이해할 겁니다. 엄마 때문에 그래도 자기가 이 정도가 될 수 있었다고요."

스스로 선택하는 즐거움을 박탈하면서까지 부모가 아이를 관리하는 이유는 그 아이가 잘되게 하기 위해서다. 그런데 이른바 잘된다는 것이 무엇일까? 잘되었는데 그 아이가 행복하지 않다면 그건 과연 잘된 것일까? 나는 그동안 강연장에서 수많은 사람들을 만나면서 깨달았다. '스스로 선택하니 즐겁다'는 체험 없이 잘될 경우에 그리 행복하지 않다는 것을.

학교에 강연을 하러 가서 가장 먼저 만나는 사람은 강연을 주최한 담당 선생님이다. 교사라는 직업을 가진 이들은 우리 사회에서 비교적 '잘된' 축에 속한다. 고등학교 성적이 최상위 수준에 들어야 초등학교 선생님 자격증이 나오는 교육대학에 들어갈 수 있다. 그리고 중고등학교 선생님이 되려면 사범대학을 나온 뒤 수십 대 일의 임용고시를 뚫어야 한다. 대한민국에서 선생님이 되기 위해서는 적어도 공부 면에서 '모범생 중의 모범생'이 되어야 가능하다.

우리도 사랑할 수 있을까

이렇게 어렵게 선생님이 되었다면 표정에서 즐거움이 배어나올 법한데 그렇지 않은 이들이 적지 않다. 강연을 주최한 선생님들을 만났을 때, 표정이 밝은 선생님이 있는가 하면 근심이 서려 있거나 심지어 주눅까지 들어 있는 선생님도 있다. 나는 그 이유를 알고 싶어 그들과 조금 깊이 대화를 나눠보았다. 그 과정에서 그들의 '과거'를 들어보니 과연 공통점이 있었다. 표정이 좋은 선생님들은 대체로 선생님이 되고 싶어서 스스로 이 길을 선택한 이들이 많았다. 반면 표정이 어두운 선생님들은 본인은 별 생각이 없었는데 부모의 권유로 이 길을 선택한 경우가 많았다.

"부모님의 권유로 어찌어찌 이 길로 왔는데 솔직히 언제 명퇴할지 기회만 엿보고 있습니다. 적성에 맞지 않는 일을 20여 년간 해오다 보니 하루하루가 힘드네요. 억지로 아이들에게 밥을 떠먹여야 하는 심정을 이해하시나요?"

잘되었는데, 남들이 부러워하는 어엿한 직장에 다니고 있는데, '스스로 선택하니 즐겁다'를 누릴 새도 없이 그 길을 걷고 있기 때문에 뒤늦게 후회하는 경우를 나는 참 많이 봐왔다. 눈물을 쏟으며 《우리도 행복할 수 있을까》를 읽었다는 모범생 출신 20대 후반의 직장인도 그중 하나다.

그는 명문대학을 나와 300 대 1의 경쟁을 뚫고 남들이 신의 직장이라고 부르는 한 공사에 합격했다. 처음 3개월 정도는 참 좋았다. 친구들이나 친척들이 그 높은 경쟁률을 뚫고 합격했다고 축하

해주는 데다 월급도 그 정도면 또래의 상위권에 있으니 든든했다. 그런데 서서히 재미가 없어지기 시작했다. 매일 하는 일이라곤 틀에 박힌 업무들이었다.

가장 큰 문제는 사무실의 분위기였다. 함께 일하는 직원들 대부분이 그동안 해온 일들을 관성적으로 할 뿐 그 누구도 새로운 시도를 하려고 하지 않았다. 보다 못한 그가 나서서 참신한 기획안을 만들려고 했지만 전혀 그럴 분위기가 아니었다. 사소한 일에 너무 많은 에너지를 소비해야 했기 때문이다. 상사에게 보고하는 간단한 문서를 작성하는데도 상사가 시키는 대로 단어 하나까지, 많게는 10회 이상 고쳐 써야 했다. 그나마 입사 동기들은 활력 있는 사무실을 모색하는 데 함께할 수 있으리라 기대했지만 다들 뿔뿔이 행동했다. 동기들 중 절반은 활력과 발전은 없지만 안정적인 분위기에 금방 녹아들었고, 나머지 절반은 입사하자마자 대우가 더 좋은 공기업을 목표로 재수를 하고 있었다.

그런 분위기 속에서 어느덧 3년을 지내다 보니 그는 근본적인 회의가 들었다. 하루하루 관성적으로 살아가는 자신을 바라보기가 힘들어졌다. 가장 힘든 것은 '내가 없어지는' 듯한 느낌이 들 때였다. 무엇을 위해 그렇게 열심히 공부했을까? 무엇을 위해 1등급을 따려고 밤을 새웠고, 무엇을 위해 명문대에 합격했고, 무엇을 위해 300 대 1의 경쟁률을 뚫고 공사에 들어왔을까? 그 무엇이 최종적으로 '내가 없어지는' 것을 경험하기 위해서였나?

우리도 사랑할 수 있을까

그는 번민을 계속하면서 그동안 무엇이 자신의 길을 이끌어왔는지 되돌아봤다. 여느 집들처럼 부모님이 특별히 극성맞아 그를 이 길로 인도한 것 같지는 않았다. 고3 때의 담임이라든가 대학 때의 지도 교수라든가 어떤 특정인도 아니었다. 누구라고 특정할 수 없는 그 무엇, 그것은 바로 '사회적 눈치'였다. 10퍼센트만이 승자가 되는 대한민국 사회가 알게 모르게 끊임없이 눈치를 보게 한 것이다. '그 정도는 해야 먹고살 수 있겠지. 그 정도는 해야 우리 부모님과 담임 선생님과 친척들이 기뻐하겠지. 그 정도의 대학에 가야 친구들이 나를 인정해주겠지. 그 정도의 회사에 입사해야 어디서도 주눅 들지 않겠지.'

그는 말한다.

"저도 모르는 사이에 사회적 눈치를 본 것도 있겠지만, 사회의 흐름이 저를 너무 당연하게 그 길로 갈 수밖에 없도록 만든 것 같아요. 제가 뭘 좋아하고 뭘 잘하는지 고민을 해볼 겨를도 없이 그냥 흘러가는 대로, 남들이 좋다고 하고 또 좋아 보이는 곳으로 자연스럽게 인도된 것 같습니다. 그 당시에는 제가 스스로 선택을 했다고 생각했지만, 되돌아보니 그건 저의 선택이 아니었던 거죠."

사회적 눈치를 보게 되면 스스로 선택하는 즐거움은 뒤로 밀릴 수밖에 없다. 다양한 선택지 속에서 내가 스스로 선택하는 즐거움은 사라지고 대신 대한민국 사회가 정해준 '가도 괜찮은 길'만을 좇게 된다. 그런데 한 사회가 불안할수록, 복지제도가 충분하지 않고 각자도생(各自圖生)을 강요할수록 '가도 괜찮은 길'은 좁혀진다. 의사, 법조인, 대기업 정규직, 공무원, 교사, 공기업 직원, 이 여섯 가지 정도가 '가도 괜찮은 길'이라는 사회적 합의를 이룬다. 그리고 청년들은 그 좁은 문으로 들어가기 위해 스스로 선택하는 즐거움을 누릴 여유조차 없다. 그 대가는 심각하다. 사회적으로 치러야 할 비용은 계산이 불가능할 정도다.

노량진 고시촌에서 《우리도 행복할 수 있을까》 독자들을 만난 적이 있다. 언론 보도에 따르면, 노량진 고시촌에 상주하는 공무원 시험 준비생(공시족)은 약 5만 명에 이른다고 한다. 이 일대의 학원으로 통학하는 이들까지 합하면 노량진 공시족은 약 50만 명에 달한다. 그런데 정부가 2018년에 채용하겠다고 밝힌 공무원 수는 3만 명 전후다. 공무원 시험에 도전하는 10명 가운데 9명 이상은 실패하며 세월을 낭비하고 있다는 말이다. 현대경제연구원은 그들이 사회·경제활동에 참여하지 않아 발생하는 기회비용까지 포함하면 공시족 열풍으로 인한 경제적 손실이 매년 17조 원 이상이라고 분석했다.

문제의 핵심은 공무원을 준비하는 이들이 다양한 선택지 속에서 '스스로 선택하는 즐거움'을 누리면서 그 길을 가고 있는지, 아니면 '사회적 눈치'를 보면서 적성과 무관하게 공무원 시험에 도전하고 있는지에 있다. 핵심은 또 있다. 매년 공무원 시험에 합격하는 이들은 과연 얼마나 스스로 선택하는 즐거움을 누리면서 공무원 생활을 하고 있을까?

덴마크에는 참 신기하게도 공무원 시험이 없다. 국가공무원을 뽑기 위해 일제히 같은 시험을 치르는 제도가 없다. 중고등학교 선생님을 뽑기 위해 일제히 임용고시를 보지도 않는다. 국가공무원이나 지방공무원도 결원이 생기면 필요한 만큼 공채를 하고 지원자들은 자기소개서와 이력서 등의 지원서를 내고 면접을 보면 그만이다. 한날한시에 같은 시험문제를 놓고 누가 더 잘 맞혔는지를 따지는 절차가 없다.

왜 그럴까? 우리와 무엇이 다른 걸까? 진정 공무원이 되고 싶은 사람만 지원을 하기 때문이다. 스스로 선택하는 즐거움이 있고, 가야 할 길이 다양하므로 공무원 시험 경쟁률이 높지 않다.

'스스로 선택하니 즐겁다'는 그저 좋은 말이 아니다. 낭만적인 느슨한 말도 아니다. 개인에게는 이것이 있어야 행복한 인생을 경영할 수 있고, 사회에서는 이것이 있어야 행복한 사회가 된다. 더 나아가 역동적인 사회, 생산적인 사회, 창의적인 사회가 될 수 있다. 국가적인 차원에서 보면 국민들이 스스로 선택하는 즐거움을 누려야 국가경쟁력이 생긴다.

대한민국 국민들의 1년 노동시간은 OECD(경제협력개발기구) 회원국 35개 나라 가운데 1, 2위를 다툰다. 해마다 발표되는 노동시간 국제 비교 통계를 보면, 멕시코와 대한민국이 엎치락뒤치락한다. 우리 국민은 1년에 약 2200시간을 일한다. 반면 덴마크와 독일은 1400시간 정도 일한다. 이것을 월로 바꿔 계산하면 우리가 12개월 일할 때 덴마크와 독일은 8개월만 일하는 셈이다. 우리보다 4개월을 덜 일한다. 그런데도 덴마크와 독일 경제는 역동성을 잃지 않고 있으며 이른바 창조경제가 우리보다 훨씬 더 잘되고 있다.

왜 그럴까? '스스로 선택하니 즐겁다'는 정신이 생산 현장에, 경제활동 인구들의 생산 활동에 얼마나 제대로 구현되고 있는가의 차이다. 스스로 선택하는 즐거움이 직장에서 구현되면 그 직장인은 주말만 손꼽아 기다리는 것이 아니라 주중도 즐거울 수 있다. 그런 상태에서 일을 하면 적은 시간을 일해도 높은 효과가 나타나는 것이다.

학원에 끌려가 억지로 5시간 공부하는 것과 스스로 좋아서 2시간 공부하는 것 중 어느 쪽이 더 효과가 있는지 우리는 잘 안다. 이제 우리는 스스로 선택하는 즐거움을 애써 억누르거나 사회적 눈치를 보게 하는 문화를 걷어내야 한다.

그러기 위해 첫 번째로 해야 할 일은 무엇일까? '가도 괜찮은 길'을 점점 늘려가야 한다. 지금 청년들이 사회적 눈치를 보며 '가도 괜찮은 길'이 여섯 개밖에 안 된다고 여긴다면, 이를 점차 60개, 600개로 늘려야 한다. 그래서 덜 불안한 가운데 스스로 선택하는 즐거움을 누리는 일에 도전할 수 있어야 한다.

그렇다면 누가 먼저 그 일을 해야 할까? 바로 이 글을 읽고 있는 당신이다. 그럼 나만 손해라고 생각할 수도 있지만 그렇지 않다. 비록 그 길이 지금까지 '가도 괜찮은 길'로 여겨지지 않았던 새로운 길이거나 다른 길이라도, 스스로 선택하는 즐거움 속에서 찾은 길로 가야 당신의 인생이 행복하다. 그래야 경제활동 현장에서도 경쟁력이 생기고, 기업도 그런 인재를 반긴다.

요즘 대한민국 기업들은 크든 작든 모두 위기의식을 느끼고 있다. 4차 산업혁명 시대니 AI(인공지능) 시대니 하면서 사회·경제 환경이 빠른 속도로 변하기 때문에 기업들마다 앞으로 어떻게 적응해갈까를 모색하고 있다. 대한민국에서 가장 잘나간다는 두 기업인 삼성전자와 현대자동차마저도 5년 후, 10년 후를 장담할 수 없다는 위기감이 짙다. 내가 몸담고 있는 〈오마이뉴스〉도 예외가 아니며, 지금 이 글을 쓰고 있는 동네 카페도 변화의 물결 속에 출렁이고 있다.

전에 경험하지 못했던 도전들에 직면했을 때 기업들은 무엇으로 이 상황을 돌파할 수 있을까? 새 판을 짜거나 새로운 돌파구를 찾아내는 창의적인 인재에 기댈 수밖에 없을 것이다.

이 사회에 꼭 필요한 인재가 되고 싶은가? 국가와 기업에 꼭 필요한 인재가 되고 싶은가? 그렇다면 지금부터 사회적 눈치는 그만 보고 '스스로 선택하니 즐겁다'를 실천해보길 권한다.

앞에서 말한 3년 차 공기업 직장인으로 '내가 없어지는' 것을 경험했던 20대 독자는 결국 '나를 찾기 위해' 회사를 그만뒀다. 그 후

1년간 소셜벤처기업 '열정대학'에 들어가 '나와 사회'에 대해 공부했다. 열정대학은 청년들 스스로 과를 만들어 공부하고 토론하고 실천하는 '우리가 만든 대학'이다. 학점과 취업을 위한 대학이 아닌 '나'와 '우리'를 찾는 대학이다.

"내 인생에서 처음으로 내가 누구인지를 진지하게 생각해보는 기회를 가진 것 같아요. 그전까지는 나에 대해 고민해본 적이 전혀 없었거든요."

지금 그는 이 벤처기업에서 일하고 있다. 여기서 그가 받는 월급은 3년간 다니다 그만둔 공기업의 절반도 안 된다. 그때의 월급이 아쉽긴 하지만 그의 표정은 밝다. 그는 요즘 스스로 선택하는 즐거움을 누리고 있다.

우리도 사랑할 수 있을까

인생의 실패자는 없다

5명의 친구가 제주도로 여행을 가기로 했다고 가정하자. 그런데 1명만 기분이 좋고 나머지 친구들은 안 좋은 일들이 있어 기분이 별로라면 아마도 이 여행은 떠나기도 전에 맥이 빠질 것이다. 여행이 즐거우려면 5명의 친구 모두 기분이 좋은 상태여야 한다.

사회도 마찬가지다. 생기 있는 사회를 만들려면 구성원들이 자존감을 가지고 사회 속에서 생동감 있게 자신의 역할을 해야 한다. '나는 인생의 실패자야' '나는 이 사회에서 쓸모없는 인간이야' 등의 부정적인 생각을 가진 사람이 늘어나면 그 사회는 우울해진다. 행복지수가 낮아질 수밖에 없다.

덴마크가 행복지수 1위의 나라가 된 여러 비결 중 하나는 '나는 인생의 패배자야'라는 생각을 가진 사람을 최소화하려는 노력을 끊임없이 기울이기 때문이다. 그 노력이 어디까지 닿아 있는가를 확인하기 위해 찾아간 곳이 덴마크의 '열린 감옥'이다.

열린 감옥? 이건 한마디로 형용모순이다. 감옥이 어떻게 열려 있을 수 있을까? 그런데 정말로 덴마크의 감옥 중 절반은 열려 있다. 내가 5년 동안 덴마크를 14차례나 다녀왔음에도 또다시 가보고 싶은 이유는 이처럼 이 나라가 나에게 끊임없이 자극을 주고 굳어진 머리를 말랑말랑하게 해주기 때문이다. '아, 이럴 수도 있구나. 감옥이 열려 있을 수도 있구나.'

덴마크의 감옥은 크게 두 종류가 있다. 닫힌 감옥과 열린 감옥. 닫힌 감옥은 우리가 아는 전통적인 감옥이다. 여기에는 살인범, 강간범 같은 중범자들이 수감되어 있으며 모든 문이 닫혀 있다. 열린 감옥에는 경제사범, 교통사범 등이 수감되어 있으며, 닫힌 감옥에서 일정 기간 별문제를 일으키지 않고 수형 생활을 한 죄수들이 모범수가 되어 이곳으로 옮겨온다. 이곳에는 모든 문이 열려 있다. 감옥 정문부터 죄수가 잠자는 감방의 문까지 모두 열려 있다.

지금부터 덴마크의 한 열린 감옥으로 가보자. 《우리도 행복할 수 있을까》 독자 30명과 함께 방문한 열린 감옥 쇠뷔쇠고르(Søbysøgård)는 동화작가 안데르센의 고향 오덴세(Odense)에서 멀지 않은 곳에 있다. 정문에서 우리를 맞이한 사람은 푸른 정복을 입은 여성 교도관이었다. 그는 우리 일행에게 먼저 인사말을 건네더니 저쪽에 서 있는 한 남성을 가리키며 말했다.

"저분이 여러분을 모시고 감옥 이곳저곳을 안내해드릴 겁니다."

교도관이 가리킨 이는 사복을 입고 있었는데, 기골이 장대하고 우락부락하게 생겼다. 덩치가 내 몸의 두 배는 족히 되었고, 키는 머리가 두 개나 더 있어 보였다. 알고 보니 그는 이 열린 감옥에 있는 죄수였다. 마약 밀매범으로 12년형을 선고받고 닫힌 감옥에서 5년간 복역하다가 모범수가 되어 이 열린 감옥으로 옮겨왔다.

"저를 따라오십시오."

그는 우리를 이끌고 감옥의 주요 시설들을 안내했다. 감옥을 한 바퀴 구경시켜준 뒤에는 우리를 회의실에 앉혀놓고 다음 순서를 안내했다.

"이제부터는 제가 여러분에게 약 30분간 강연을 하겠습니다."

죄수로부터 강연까지 듣게 될 줄이야. 강연 주제는 열린 감옥의 장점에 대해서였다.

그의 말을 들어보니 열린 감옥에서는 죄수들도 낮에 감옥 밖으로 나가 사회생활을 할 수 있단다. 죄를 짓기 전에 회사원이었다면 낮 시간에 전에 다니던 회사에 나가 일한다. 대학생이었다면 자기가 다니던 대학에 나가 강의를 듣는다. 인근 도시로 외출하고 싶으면 교도관 동행 없이도 다녀올 수 있다. 전에 살던 집을 찾아가 가족을 만나고 올 수도 있다. 단, 조건이 있다. 저녁 7시 전에 다시 감옥으로 돌아오면 된다.

그렇다면 왜 덴마크는 이런 열린 감옥 시스템을 유지하고 있을까? 안내를 맡은 그의 강연을 요약하면 다음과 같다.

"감옥에 온 사람들, 그러니까 죄수가 된 사람들은 자기 인생을 경영하는 데 실패한 사람들입니다. 그래서 투옥이라는 벌을 받게 되는 것이죠. 문제는 그 후입니다. 그 죄수가 완전히 갇힌 상태에서 사회와 단절된 채 '나는 인생의 패배자야. 이 사회에 쓸모없는 인간이야'라는 생각을 계속 품은 채 감옥 생활을 한다면 어떻게 될까요? 그런 상태로 만기 출소해 사회에 나오면 사회생활을 제대로 할 수 있을까요?"

덴마크의 열린 감옥은 죄수들에게 당신은 '한때' 실패한 것이지 영원한 실패자가 아니라는 생각을 심어준다. 죄수들이 자신도 이 사회에서 꽤 쓸모 있는 인간이 될 수 있다는 것을 체험하게 해준다. 왜냐하면 죄수가 자존감을 가져야 재범률도 낮아지고 그와 관계있는 가족, 지인 등에게도 좋은 영향을 주기 때문이다. 주눅 든 사람을 최소화해야 덴마크 사회가 행복해진다고 보기 때문이다. 내가 행복하려면 나만 잘되어서는 안 되고 다른 사람들도 우리도 행복해야 한다는 철학을 공유하고 있기 때문이다.

강연을 마친 그는 프레젠테이션 화면을 접더니 앞장섰다.

"저를 따라오십시오. 제 방을 보여드리겠습니다."

뒤따라가는 우리는 더 이상 그를 죄수로 보지 않았다. 불과 2시간 사이에 우리는 그를 죄수가 아닌 '사회생활을 하는 사람'으로 대하고 있었다. 그를 따라 그가 생활하는 공간으로 이동하는 내내 농담 섞인 대화가 오가며 웃음꽃이 피었다.

"여기가 제 방입니다."

그가 문을 열자 우리 일행은 일제히 와하고 감탄사를 쏟아냈다.

"내 원룸보다 훨씬 좋네." "우리 대학 기숙사보다 훨씬 좋아."

그랬다. 마치 호텔방 같았다. 반듯한 싱글 침대, 책상과 의자, 냉장고와 커피포트, 노트북과 스피커. 4평 정도 크기의 감방에는 없는 것이 없었다. 이 정도의 감방이라면 죄수가 '내가 사회와 단절된 채 갇혀 있구나. 내 인생은 왜 이렇게 비참할까'라는 생각을 절대 하지 않을 것 같았다.

더 인상적인 것은 창문이었다. 상당히 크고 시원한 창문에 쇠창살이 없었다. 한때 대한민국의 감옥에 1년간 갇혀 있었던 나는 이 덴마크 감방의 창문을 보고 만감이 교차했다. 대학교 4학년이던 1986년, 전두환 군사독재정권에 반대했다는 이유로 안양교도소에 투옥되었는데, 그때 내가 머물던 감방의 창문은 노트북 화면 정도 크기밖에 안 되었다. 그 좁은 창문에도 촘촘히 쇠창살이 가로질러져 있었다. 그마저도 내 눈높이에 있는 것이 아니라 고개를 한참 젖혀야만 바라볼 수 있는, 바깥 풍경과는 애초부터 단절된 창문이었다. 그 높게 달린 조그마한 창문으로 들어오는 햇살을 보기 위해 고개를 쳐들어야 할 때마다 얼마나 비참했던가.

나는 그 시절을 떠올리며, 아주 크고 바깥세상을 내 눈높이에서 바로 보여주는 덴마크 죄수의 감방 창문 쪽으로 바짝 다가갔다. 그리고 창밖을 내다봤다. 순간 아, 하는 감탄사를 나도 모르게 쏟아냈다. 창문 밖을 내다보니 감옥과는 전혀 어울리지 않는 풍경이 펼쳐져 있었다. 너무나도 예쁜 어린이 놀이터가 보였다. 고급스러운 숲속 유치원에서나 볼 수 있는, 그네와 미끄럼틀이 있는 예쁜 어린이 놀이터가 왜 감옥 안에 있을까?

알고 봤더니 그건 한때 인생 경영에 실패한 죄수들을 위한 배려였다. 죄수의 아이들이 면회를 왔을 때 함께 놀이터에서 놀면서 이야기를 나눌 수 있도록 한 것이었다. 인생 경영에 실패한 것은 과거일 뿐 지금 주눅 들거나 위축되지 말라는 배려였다. 덴마크 사회가 '나는 인생의 실패자'라는 생각을 가진 사람을 최소화하기 위해 어떤 노력을 기울이고 있는지 상징적으로 보여주는 것이 감옥 안 어린이 놀이터였다.

그는 우리 일행과 헤어질 때 웃으면서 나에게 당부했다.

"다음에 또 한국 사람들을 데리고 덴마크에 오면 다른 감옥 말고 꼭 우리 감옥으로 오세요."

그의 눈은 말하고 있었다. '나는 지금 비록 죄수지만 이 사회를 위해 나의 역할을 다하고 있다. 덴마크 열린 감옥 시스템의 홍보대사를 맡고 있다. 나도 쓸모 있는 인간이다. 나도 살아 있다!'

그는 열린 감옥 홍보대사의 역할 말고도 이 감옥에서 또 다른 쓸모 있는 일을 하고 있었다. 감옥 안에서 그의 '직업'은 운전사다.

덴마크의 열린 감옥은 죄수들에게 당신은 '한때' 실패한 것이지
영원한 실패자가 아니라는 생각을 심어준다.

낮 시간에 감옥과 사회를 오가는 죄수들을 누군가가 차로 데려다 줘야 하는데 그가 그 일을 맡고 있었다.

그와 아쉬운 작별을 하고 버스에 오른 우리 일행은 열린 감옥과 서서히 멀어져갔고 인근 동네를 통과했다. 문득 아까 죄수와 나눴던 문답이 생각났다. 1973년 이곳에 열린 감옥을 만들 때 근처 주민들이 반대하지 않았느냐고 질문했더니, 그는 "반대는 전혀 없었다. 설립 취지에 공감했기 때문이다"라고 답했다. 그 취지란 '내가 행복하려면 우리가 행복해야 한다'는 철학에 대한 공감을 말한다.

장애인을 위한 특수학교를 왜 우리 동네에 짓느냐고 반대 데모를 하는 한국 사회와 열린 감옥을 동네에 만들어도 반대하지 않는 덴마크 사회. 그 차이는 어디에서 올까? '내가 행복하려면 우리가 행복해야 한다'는 가치관을 말이나 구호로만이 아니라 실제 삶과 문화 속에서 얼마나 실현해내고 있는가의 차이일 것이다.

열린 감옥을 떠나 코펜하겐으로 돌아오면서 나는 한국에서 만난 중고등학생들을 떠올렸다. 덴마크에서는 죄수도 저렇게 생기가 있는데, 왜 우리나라 중고생들의 상당수가 위축되고 주눅 들어 있을까? 나는 가끔 중고등학생들로부터 이메일을 받는다. 그들이 《우리도 행복할 수 있을까》를 읽고 보내온 독후감들을 읽을 때 가장 아프게 다가온 단어가 있다.

"다음 생에는……."

우리 사회는 왜 아이들을 이토록 빨리 '나는 이번 생에는 이 정도밖에 못할 것 같아'라고 단정하게 만들까? 덴마크에서는 죄수마저도 자신의 역할을 찾아가고 있는데, 왜 팔팔한 청춘들이 중고등학교 시절부터 '나는 이 사회에서 별 쓸모가 없는 인간인 것 같아'라면서 좌절할까?

'나는 루저야'라고 생각하게 만드는 요인들을 이제는 걷어내야 하지 않을까? 우리 사회는 그동안 좋은 고등학교의 기준을 따질 때 그 학교나 반에서 몇 명이 이른바 스카이(SKY: 서울대, 고려대, 연세대)를 갔는지, 인서울(서울에 있는 대학 진학)을 했는지를 카운트했다. 언론도 그랬고, 학부모도 그랬다. 하지만 아무도 고려하지 않았다. 3등급 이하라며, 인서울도 못한다며 주눅 들어 있던 아이들에 대한 상태 파악과 대책에 대해서는.

이제는 달라져야 한다. 한 반에서 몇 명이 스카이를 갔는지, 인서울을 했는지가 아니라, 한 반에서 얼마나 많은 아이들이 '나도 쓸 만한 인간이야. 나는 나를 사랑해. 그런데 내가 잘되려면 우리도 잘되어야 해'라는 생각을 가지고 졸업을 할까로 평가해야 한다. 대한민국 헌법 10조가 그 반에서 얼마나 잘 구현되고 있는지를 따져야 한다.

이 학교 저 학교로 강연을 자주 다니다 보니 강연장 분위기만으로도 그 학교의 상태를 대충 파악할 수 있게 되었다. 강연장에 모인 이들의 표정이 많은 것을 말해주기 때문이다. 어떤 학교에서는 생기 있는 청중을 보며 강사가 힘을 받는다. '이야, 우리나라 학교도 이 정도로 바뀌고 있구나!' 그런데 어떤 학교에서는 강사가 갖고 있던 기까지 다 빼앗기고 온다. '참 갈 길이 멀구나!'

한번은 경기도에 있는 한 시의 공립 고등학교에 선생님들을 대상으로 강연을 갔다가 후자의 경우를 처절하게 느꼈다. 강연장에 모인 60여 명의 선생님들 표정이 하나같이 어두웠다. 그래서 솔직하게 물었다.

"아니, 어떻게 표정이 이렇게 일제히 어두울 수 있습니까?"

그랬더니 한 선생님이 답했다.

"강사님도 우리 학교에 하루만 있어보십시오. 그러면 우리처럼 됩니다."

알고 봤더니 이 도시의 인구는 20만 명인데 아직 고교비평준화 지역이었고, 이 학교는 개교 3년 차인 신생 고등학교였다. 그 때문에 이 도시에서 중학교 성적이 좋은 학생들은 전통 있는 학교로 가버리고 이 신생 학교에는 성적이 낮은 학생들만 온다는 것이었다. 강연을 주최한 선생님의 말이다.

"우리 학교 학생들이 어떤 아이들인지 아십니까? 이 아이들이 중학교에 다니면서 3년 내내 담임 선생님한테 들었던 말이 이겁니다. '야, 너 이 시 전체에서 지금 성적이 ○○등이야. 너 정말 공부 안 할래? 너 이러다간 그 ○○학교에 갈 수밖에 없어. 그 똥통 학교에서 3년을 어떻게 지낼래?' 그런 소리를 듣던 아이들이 여기에 모여 있습니다. 한 학년에 300명씩 900명이 모여 있습니다. 그러니 우리 선생님들도 참 힘듭니다."

이 아이들은 매일 아침 등교할 때 ○○고등학교라는 학교 이름이 적힌 정문을 통과하면서 어떤 생각을 할까? 덴마크에서는 죄수마저도 생기가 있는데, 왜 이들은 10대 후반이라는 나이에 '나는 루저'라고 여기는 걸까? 이 팔팔한 청춘을 집단으로 주눅 들게 함으로써 치러야 하는 대가, 사회적 비용은 얼마나 엄청난 것일까?

부산의 한 고등학생은 《우리도 행복할 수 있을까》를 읽고 이런 독후감을 썼다.

덴마크 학생들은 야생마 같다. 그러나 우리는 앞만 보고 달려야 하는 경주마 신세다.

경주마는 옆을 보지 못하도록 두 눈의 양옆을 가린다. 이 학생은 다른 친구들 앞에서 독후감을 발표했는데 울먹이느라 다음 문장을 읽지 못했다. 그다음에는 이렇게 쓰여 있었다.

우리 학교 급식에 나오는 소고기는 다 1등급인데 우리는 왜 이렇게 3등급 이하가 많을까?

중고등학교 교실은 사회의 축소판이다. 한 반에 25명이 있는데

5명만 생생하고 20명이 주눅 들어 있다면 그 사회의 미래는 암울할 것이다. 경제활동 인구 중에 얼마나 많은 사람들이 '나는 이 사회에서 쓸모 있는 인간이고, 쓸모 있는 일을 하고 있으며, 그래서 내 인생도 살 만하다'고 느끼는가가 그 사회의 생산성을 결정한다.

덴마크는 학교에서도 사회에서도 최대한의 다수, 그러니까 대략 90퍼센트 이상을 승자로 만들어내려고 한다(100퍼센트라고 적지 않은 것은 신이 아닌 인간이 만든 사회에서 그런 유토피아는 불가능하다고 보기 때문이다). 또한 '내가 행복하려면 우리가 행복해야 한다'는 철학을 공유하고 그것을 실천하려 한다.

대한민국 사회는 그동안 10퍼센트만이 승자가 되는 구도로 경쟁해왔다. 학교는 학생들에게 어떻게 하면 10퍼센트 안에 들 것인가를 가르쳤다. 그 과정에서 90퍼센트의 루저가 생길 수밖에 없다는 것을 알면서도 그 길이 유일한 길인 양 가르쳐왔다. 그래서 우리는 무엇을 얻었는가? 헬조선을 얻었다.

나는 학교에 강연하러 갈 때마다 중고등학생들을 만나면 한 번씩 물어본다.

"우리나라를 헬조선이라고 부르는 이들이 있습니다. 여러분은 어느 정도나 동의하나요?"

달리 지휘자도 없는데 90퍼센트 이상이 주저 없이 합창을 한다.

"헬조선 맞아요!"

대한민국 정부는 지난 수십 년간 그 많은 교육비를 투자했고, 대한민국 학부모들은 그 많은 사교육비를 투자했지만 과연 무엇을 얻고자 한 것인가? 우리가 얻고자 하는 것이 헬조선이었나? 이제 바뀌어야 한다. 더 늦기 전에 다음과 같은 새로운 철학이 우리의 삶과 문화 속에 스며들게 해야 한다.

"내가 행복하려면 내가 승자가 되는 것만으로는 불가능하다. 내가 10퍼센트 안에 들어가는 것만으로는 불가능하다. 내가 행복하려면 내 친구들도 승자가 되어야 한다. 90퍼센트 이상이 승자가 되어야 한다. 우리가 행복해야 한다."

'더불어 함께' 살아가는 방법

얼마 전 혜민 스님을 만났다. 독자들에게 많은 사랑을 받은《멈추면, 비로소 보이는 것들》의 저자인 혜민 스님은 서울 인사동에서 '마음치유학교'를 운영하고 있다. 우리는 치유학교 바로 아래층에 있는 식당에서 점심을 먹으며 '무엇이 인간을 행복하게 하는가'에 대해 잠시 이야기를 나눴다. 내가《우리도 행복할 수 있을까》를 선물했더니 그는 최근 덴마크에서 이틀간 머무른 적이 있다고 했다.

"단 이틀이었지만 코펜하겐 시민들의 모습이 참 인상적이었습니다. 그들은 무엇을 하더라도 '더불어 함께' 있더군요. 그런데 '더불어 함께'하고 있는 그들 개인 개인이 매우 자유로워 보이는 점이 더 인상적이었습니다. 개인의 자유와 집단의 연대가 조화를 이루는 것, 그것이 행복 아니겠습니까?"

짧은 이틀 동안 핵심을 보다니 그의 혜안이 놀라웠다.

덴마크가 행복지수 1위의 나라가 된 이유 중 하나는 자유와 연대라는 두 마리의 토끼를 모두 잡고 있기 때문이다. '스스로 선택하니 즐겁다'는 철학이 '스스로 선택하여 더불어 함께하니 더욱더 즐겁다'로 이어지기 때문이다. 자유는 연대를 방해하지 않고, 연대는 자유를 방해하지 않는다. 어떻게 이 두 마리 토끼를 다 잡는 것이 가능할까?

'스스로, 더불어, 즐겁게.'

이 세 단어는 행복한 학교, 행복한 일터, 행복한 사회가 되기 위한 요소들을 압축적으로 표현하고 있다. 여기서 관건은 '스스로'가 어떻게 '더불어'와 무리 없이 조화를 이룰 것인가이다.

내가 지난 5년 동안 덴마크를 14차례 방문하면서 찾아낸 비결은 연대의 방법에서도 다양한 선택지를 보장하는 것이다. 덴마크 사회는 '스스로'에 대해서도 다양한 선택지를 보장하지만 어떻게 '더불어' 할 것인가에 대해서도 보장한다. 더불어 함께하고 싶더라도 연대의 방법이 단 하나밖에 없다면, 게다가 내가 좋아하는 방식이 아니거나 내 처지에서 가능한 방식이 아니라면 부담스러울 수밖에 없다.

한 고등학교 동창회가 모임을 갖는다고 치자. 핵심 프로그램이 골프를 치는 것뿐이라면 골프를 좋아하지 않는 사람이거나 골프를 즐길 경제적 여건이 되지 않는 사람은 참여가 부담스러울 것이다. 하지만 등산, 축구, 산책 등 다양한 선택지를 내놓으면 참여율은 높아질 수밖에 없다.

코펜하겐 시내에 있는 한 축구 단지는 덴마크 사회가 연대의 방법에도 다양한 선택지를 보장하고 있다는 것을 상징적으로 보여준다. 코펜하겐 시청에서 자전거로 15분 이내에 갈 수 있는 클뢰베르마르켄 이레트슬라그(Kløvermarken Idrettslag) 축구 단지에 도착했을 때 나는 입이 쩍 벌어졌다. 일단 그 규모에 압도되었다. 푸른 잔디가 돋보이는 천연 잔디구장 50여 개가 한곳에 모여 있었다. 그런데 곳곳에 서 있는 축구 골대를 보니 크기가 다 달랐다. 나는 그때서야 자세히 운동장의 크기를 살펴봤다. 50개의 운동장 가운데 3분의 1 정도만 정규 규격이었고, 나머지는 크기가 다 달랐다. 정규 구장의 절반 정도의 크기도 있었고, 4분의 1, 10분의 1 크기 등 참으로 다양했다. 그것은 축구를 즐기는 코펜하겐 시민들에게 다양한 선택지를 보장하기 위한 방법이었다.

정식 축구 게임은 양 팀이 11명씩 뛴다. 총 22명이 있어야 정식 게임이 가능하다. 그런데 이 축구 단지에서는 22명이 모이지 않아도 축구를 즐길 수 있다. 14명이 있다면 7 대 7 게임을 할 수 있고 10명이 있다면 5 대 5 게임이 가능하다. 4명만 있어도 2 대 2 게임을 즐길 수 있다. 이 축구 단지에 있는 운동장의 다양한 크기가 어떤 종류의 '더불어'를 선택해도 즐거움을 얻을 수 있도록 배려하고

우리도 사랑할 수 있을까

덴마크 사회는 '스스로'에 대해서도 다양한 선택지를 보장하지만
어떻게 '더불어' 할 것인가에 대해서도 보장한다.

있기 때문이다.

내가 그 축구 단지에 처음 갔을 때도 다양한 조합의 팀들이 축구를 즐기고 있었다. 나는 중간 크기 운동장에서 7 대 7 게임을 즐기고 있는 코펜하겐의 고등학생들을 한참 동안 지켜봤다. 그때 불현듯 한국의 학생들로부터 들었던 한숨 소리가 떠올랐다.

"축구를 하고 싶은데 11명 팀을 구성할 수가 없어요. 4명밖에 없으니 축구 대신 그냥 농구나 하려고요."

코펜하겐에는 그런 한숨이 없다.

다양한 선택지가 보장되면 '참 유별난 사람들'도 외톨이가 되지 않고 '더불어 함께'하는 즐거움을 누릴 수 있다. 클뢰베르마르켄 이레트슬라그 축구 단지에서 다리만 하나 건너면 크리스티아니아(Christiania) 공동체가 나온다. '집시들의 해방구'라 불리는 이곳엔 보통 사람의 기준으로 볼 때 참 유별난 사람들이 산다. 34만 제곱미터에 달하는 이곳은 원래 군사기지였는데, 기지가 시외로 이전되는 과정에서 코펜하겐의 '떠도는 자유주의자'들이 점령했다. 이들은 정부의 권위와 관리를 거부하며 스스로 이곳을 자치 지역으로 선포했다. 전원 합의제라는 직접민주주의를 실험하고 독자적인 재정을 운영하는 등 자신들의 방식대로 살아가고 있다. 이들이 주장하는 자치 중에는 마리화나 거래의 자유도 포함된다. 개인이 어떤 선택을 하더라도 정부가 개입해서는 안 된다는 것이 이들의 철학이다. 흥미로운 것은 덴마크 정부가 1971년 이 공동체에 자치권을 보장했고, 우여곡절이 많았지만 지금까지 지속되고 있다는 점이다.

이렇게 다양한 선택지를 보장했더니 '참 유별난 사람들'이 사는 이곳은 어느새 코펜하겐의 주요 관광지가 되었다. 외국 관광객들은 놀란다. 덴마크 정부 청사로부터 걸어서 10분 거리에 있는 도심 한복판에 어떻게 이런 해방구가 존재하는 걸까? 이곳이 유명해진 이유는 마리화나 거래의 자유마저 주장하는 그들의 극단성 때문이 아니다. 그들만의 방식으로 더불어 살아가는 모습, 그 과정에서 보통 사람들의 동네에서는 볼 수 없는 참신한 그 무엇을 볼 수 있기 때문이다. 유별남은 창의성의 또 다른 이름이다.

크리스티아니아의 참 유별난 사람들이 만든 창의적 제품 가운데 대표적인 것이 '참 유별난 자전거'다. 코펜하겐 시내를 돌아다니다 보면 가족이 함께 타는 자전거를 흔하게 볼 수 있다. 엄마가 두 아이를 태우고 가는 모습을 자주 볼 수 있는데, 앞바퀴 쪽에 두 아이가 탈 수 있는 박스 공간이 있기 때문에 가능하다. 이 자전거가 처음 크리스티아니아에서 만들어졌고, 덴마크 전역으로 퍼져나갔다.

크리스티아니아에는 현재 1000여 명이 살고 있다. 그들은 아직까지 그들의 방식으로 더불어 함께 살아가고 있으며 코펜하겐의 보통 사람들과도 공존하고 있다.

모범 인생과 세상의 눈치

당신의 아이가 좀 유별나다면? 그래서 외톨이가 될까 봐 걱정이라면? 덴마크 데트 프리(Det Frie) 고등학교의 유별난 아이들에 대한 이야기를 들으면 걱정을 내려놓을 수 있을 것이다.

코펜하겐의 북서쪽에 있는 이 사립 고등학교의 정문에 들어설 때 첫 느낌은 그다지 좋지 않았다. 입구가 온통 낙서투성이였다. 그런데 이것은 시작에 불과했다. 이 학교는 보이는 건물마다 곳곳에 낙서가 어지럽게 그려져 있었다. 심지어 교실까지도.

나를 반갑게 맞이해준 쇠렌 바게르(Søren Bager) 선생님을 따라 학교 이곳저곳을 둘러볼 때도 솔직히 좀 불편했다. 정신이 사나웠다. 굳이 이렇게까지 모든 곳에 낙서를 할 필요가 있을까?

이 학교는 1970년에 개교한 사립 고등학교인데, 신입생들이 입학해 가장 먼저 대면하는 장면은 바로 선배들이 해둔 낙서들이다. 신입생들은 선배들의 낙서를 본 뒤 남겨두고 싶은 것만 남긴 다음 다 지우고서 자기들의 낙서를 시작한다. 개교 이래 계속되어온 이 전통은 무엇을 의미하고 있을까?

쇠렌 선생님은 복도에서 낙서에 포위된 채로 정신 사나워하는 나에게 이런 설명을 들려주었다.

"우리는 학생들에게 성역과 금기에 도전할 자유를 줍니다. 학생들이 발상하는 모든 것을 해볼 수 있도록 말이죠. 어디든 마음대로 낙서할 수 있는 자유는 그걸 상징하고 있습니다. 이 학교에는 그런 자유를 누리고 싶은 아이들이 옵니다."

덴마크의 학교에서는 학생들에게 스스로 선택할 수 있는 자유를 많이 주고, 심지어 시험문제까지 학생들 스스로 내는 경우가 자주 있다. 그런데 그보다 더 많은 자유를 원하는 학생들이 있기 때문에 이런 유별난 학생들도 '더불어 함께'할 수 있는 학교가 필요하다는 것이다. 학생들이 원하는 더 많은 자유를 예로 든다면 어떤 것이 있을까?

내가 아는 덴마크 공립학교 선생님이 있다. 몇 년 전 그는 데트프리 고등학교에서 선생님을 뽑는다는 공고를 보고 지원을 했다. 서류가 통과되어 면접을 보러 갔더니 그동안 전혀 경험하지 못했던 일이 눈앞에 펼쳐졌다. 면접관 중에 학생 2명이 포함되어 있었

"우리는 학생들에게 성역과 금기에 도전할 자유를 줍니다.
학생들이 발상하는 모든 것을 해볼 수 있도록 말이죠."

다. 그 학생들은 그에게 이런저런 질문을 꼬치꼬치 해댔다. 새 선생님으로 그가 적합한지를 학생들이 심사했던 것이다. 물론 학교 선생님도 면접에 함께 참여하지만 학생들의 의견이 상당한 영향을 미친다.

그는 아쉽게도 면접에서 탈락했다. 하지만 여전히 이 학교를 긍정적으로 보고 있었다. 나에게 이 학교에 견학을 가보라고 권한 사람도 그였다. 이 학교는 새로운 선생님을 뽑을 때는 물론이고 새로운 교장 선생님을 뽑을 때도 학생들이 주인 역할을 한다. 교장 후보가 정해지면 모든 학생들이 1인 1표를 행사해 다수표를 얻는 사람이 당선된다.

이 유별난 학교의 유별난 학생들이 누리는 자유의 끝은 어디일까? 쇠렌 선생님은 공동체에 대한 책임감이 그 끝을 어디쯤으로 할지 정한다고 말했다.

"자유를 누리되 다른 사람들에게 피해를 주면 안 됩니다. 공동체에서 정한 합의와 규칙을 파괴해서는 안 되죠."

학생들은 자유와 책임 사이에서 균형을 맞추는 훈련을 스스로 한다. 그것은 학교 총회 등에서 합의한 룰을 지키는 것이기도 하고, 때로는 이심전심으로 통한다.

"몇 해 전에 한 학생이 거리에서 묻지 마 폭행을 당해 숨졌습니다. 그때 친구들이 학교 건물 벽에 그를 추모하는 그림을 그렸어요. 그 후로 수년이 지났지만 어떤 신입생도 그 그림을 지우지 않았어요. 그건 지우지 말라고 아무도 이야기하지 않았는데도요. 인간으로서 공동체의 일원으로서 서로 통하는 그 무엇이 저 추모 그림을 아직까지 간직하게 한 거죠."

이 사립 고등학교는 덴마크에 있는 여러 고등학교 가운데 하나다. 현재 재학생들은 다양한 선택지 속에서 이곳을 택해 들어왔다. 최대한의 자유를 누리고픈 이 학생들이 다른 일반 고등학교에 갔다면, 참 유별난 아이라는 소리를 들을 수도 있고 너무 나댄다는 이야기를 들을 수도 있다. 우리나라에서라면 교실에 낙서를 했다고 교무실에 끌려갈 수도 있고, 교장 선생님에게 대들었다고 부모가 학교에 불려갈 수도 있는 그런 아이들이다. 그러나 마음대로 낙서를 할 수 있는가 하면, 나댄다는 소리를 들을 정도의 적극성이 오히려 장점이 되는 이 학교를 선택했기에 지극히 정상적으로 '더불어 함께'라는 즐거움을 누리고 있다.

쇠렌 선생님은 이 학교 출신들이 덴마크 사회 곳곳에서 얼마나 중요한 역할을 하는지 몇몇 이름들을 나열했다. 다양한 선택지가 보장되면 이상도 정상이 된다. 외톨이도 연대를 경험하게 된다.

쇠렌 선생님을 따라 1시간 동안 낙서투성이인 학교 이곳저곳을 돌아본 후 커피 한잔을 하기 위해 식당에 앉았다. 식당도 역시 온통 낙서들이었다. 그런데 신기했다. 커피를 한 모금 마시며 다시 찬찬히 낙서들을 보니 나도 뭔가 저지르고 싶다는 생각이 들었다. 나도 뭔가 일탈해보고 싶었다.

생각해보니 내 인생은 참 모범적이었다. 학창 시절 신나게 내 맘대로 낙서해본 경험이 없다. 낙서하지 말라는 선생님의 말씀을 잘 따라야 한다고 생각했기 때문이다. '낙서 좀 하면 어때?'라는 생각을 한 번도 해보지 못한 것이다. 그래서 코펜하겐의 한 공립 초등학교 교장실의 유리벽 사면이 온통 학생들의 낙서로 채워진 것을 봤을 때도 얼마나 신선한 충격을 받았던가.

내 인생은 언제나 모범의 틀 안에 갇혀 있었다. 나는 새판을 짜고 새로운 시도를 한다며 이런저런 일을 벌여왔지만 사실 그것도 모범 인생이 허락하는 범위 안에 있는 것들이었다. 모범 인생은 내 창의성의 한계이기도 했다. 모범 인생은 '사회적 눈치'에 민감하며 그 한계 내에서만 창의성을 발휘한다. 그래서 '내 안에 있는 또 다른 나'를 발견하는 것을 두려워한다. 내가 만약 덴마크의 저런 고등학교를 다녔으면 어땠을까? 지금이라도 모범 인생의 한계를 박차고 나갈 순 없을까? 아, 한번 그래 보고 싶다!

언젠가 이 이야기를 아내에게 꺼냈더니 이런 말이 되돌아왔다.

"나 참, 자기 하고 싶은 거 다 해온 사람이, 지금도 과해서 옆에서 지켜보는 사람은 힘들구먼, 또 뭔 일을 저지르려고?"

꿈틀거려도 되겠습니까

행복한 학교가 되기 위해서는 무엇이 필요할까? 학교 구성원들이 각자 살아 있음을 느낀다면 행복한 학교라고 부를 수 있지 않을까? 학교 구성원은 크게 학생, 학부모, 교사, 교장, 이 네 부류로 나눌 수 있다. 이들 중 어느 누구도 소외되지 않고 주인 의식을 느낄 때 학교는 행복해질 것이다.

내가 방문했던 덴마크의 학교들은 이 네 부류의 구성원이 저마다 살아 있었다. 모두가 학교의 주인이었다. 한 공립 초등학교의 교장 선생님은 1학년과 2학년을 합쳐서 한 반으로 편성하는 새로운 시도를 했다. 그것이 교장 권한으로 가능하다고 한다. 우리나라의 교육청에 해당되는 상급 교육 당국에 그 취지를 보고하기만 하면 된다는 것이다. 왜 그런 시도를 했냐고 물었다.

"일반 회사에서도 한 팀에 선후배가 함께 있잖아요. 꼭 한 반에 같은 나이의 아이들만 있을 필요가 있나요?"

덴마크의 선생님들은 수업 운영의 자율을 누린다. 그래서 대부분 교과서 없이 선생님이 만든 자료들로 수업이 진행된다. 큰 틀안에서 교과 목표만 있을 뿐 그 길에 이르는 방법은 선생님이 얼마든지 선택할 수 있다.

덴마크 학생들은 유치원 때부터 '스스로 선택하니 즐겁다'는 정신을 몸에 익히기 시작한다. 우리로 치면 중학교 2학년인 7학년이 되면 학생 대표가 학교운영위원회의 정식 멤버가 된다. 학교 예산편성 등 학교 운영의 실질적 주체가 되는 것이다. 덴마크 학생들은 교실에서 선생님의 수업 내용을 잘 받아 적는 대신에 선생님과 함께 공동으로 수업을 운영한다. 7학년이 되면 선생님이 아닌 학생이 시험문제를 내는 일도 잦아진다. 선생님이 중요하다며 밑줄 그으라고 한 부분보다 내가 중요하다고 생각하는 부분에 대해 스스로 시험문제를 낼 수 있다. 자신이 그것을 왜 중요하게 생각하는지를 선생님에게 설명할 수 있으면 된다.

덴마크의 학부모들 또한 학교의 주인이다. 공립학교에서 새 교장을 선출할 때는 교육청에서 일방적으로 특정 교장을 파견하지 않고 여러 후보를 제시한다. 그러면 학부모들이 주축인 학교운영위원회에서 후보들을 인터뷰한 뒤 낙점한다.

그렇다면 우리의 현실은 어떤가? 나는《우리도 행복할 수 있을까》를 읽은 학생, 학부모, 교사, 교장을 대상으로 강연을 할 때마다 묻는다.

"학생, 학부모, 선생님, 교장 중에 누가 가장 학교에서 소외되어 있습니까?"

그러면 '학생'이라고 답하는 소리가 가장 크다. 하지만 선생님들도 학부모들도 저마다 자기들이 가장 소외되어 있다고 말한다. 심지어 교장 선생님들조차 "우리도 주인이라고 할 수 없다"는 답을 많이 한다. 학교의 최고 권력자인 교장 선생님들마저 그렇게 생각하는 이유가 뭘까? 나는 교장 선생님들을 대상으로 여러 차례 강연을 했는데 그 자리에서 한 분이 이렇게 말했다.

"우리는 학교의 독거노인입니다. 교장이 받는 수당에는 고독수당이 포함되어 있습니다. 선생님들과 회식할 때면 아무도 제 옆자리에 앉으려고 하지 않습니다. 게다가 항상 교육청에서 지시하는 것들을 따라 하기에 급급합니다."

그러면 학생들은 어떨까? 나는 학생들을 대상으로 강연을 할 때마다 이렇게 질문해본다.

"여러분은 이 학교의 주인입니까, 아닙니까? 주인이라면 어느 정도로 관여하는 주인입니까?"

"우리가 주인 맞습니다"라고 말하는 아이들도 있지만 대부분은 "우리는 주인이 아닙니다"라고 답한다. 학교는 학생을 위해 존재하는데 학생들은 학교의 주인이 아니라고 생각하는 것이다.

한번은 그렇게 답한 고등학생에게 주인이 아니라고 생각하는 이유를 하나 들어보라고 했다.

"내 휴대폰이고 내 점심시간인데, 왜 점심시간에 휴대폰을 사용하지 못하게 합니까?"

"그래요? 그런데 그 규칙은 누가 정했습니까?"

"학교요. 선생님들이 이미 정해놨습니다."

"그렇다면 여러분은 그 규칙을 만드는 데 왜 관여하지 않았습니까? 여러분이 학교의 주인이고 학교 구성원 중에 인원수도 가장 많은데 왜 가만히 있었습니까?"

나의 마지막 질문에 학생들은 일순 조용해졌다. 10여 초간 계속되던 침묵을 깨고 한 학생이 말했다.

"그니깐요……."

주눅 든 목소리로 내뱉은 그 한마디는 참으로 많은 것을 담고 있었다.

그렇다. 어느 날 갑자기 이 고등학생들이 학교의 주인이 될 수는 없다. 유치원 때부터 초등학교, 중학교를 거치는 동안 주인이 되는 체험을 해왔어야 가능하다. 어느 공간에 있든 단순한 구경꾼이 아니라 나도 이 공간의 주인이라는 의식을 갖고 스스로 선택하는 즐거움을 체험한 뒤 그것이 문화가 되어 내 몸에 배어야 가능한 것이다.

자기주도적 학습. 요즘 이 말을 유행처럼 좋아한다. 선생님도 학부모도 학생이 자기주도적 학습을 해야 한다고 믿는다. 자기주도적 학습은 주어진 것을 따라만 해서는 이루어지지 않는다. 자기가 학습의 주인이 되어야 한다. 또한 자기주도적 학습은 자기주도적 인생으로 이어질 때 진정한 의미가 있다. 학습의 주인에 머무는 것이 아니라 내 인생의 주인이 되어야 진정한 자기주도적 학습이 완성된다고 볼 수 있다.

나는 한 대학에서 5년간 신문방송학과의 겸임 교수를 맡은 적이 있다. 그때 신기한 경험을 했다. 수업 시간에 조는 학생도 있고 결석한 학생도 분명 있는데, 웬일인지 시험을 봤다 하면 다들 완벽하게 잘 봤다. 비결이 뭔지 추적해보니 학생들은 그동안 내가 낸 시험문제를 미리 확보한 뒤 그걸 중심으로 집중적인 공부를 했다. 그러니 답도 대부분 비슷했다. 그래서 그다음 해에는 시험문제를 완전히 바꿔버렸다.

"이번 시험에서는 내가 문제를 아예 안 냅니다. 여러분 스스로 다섯 개의 문제를 내고 그에 대한 답을 쓰세요."

그랬더니 이번에도 대부분 시험을 잘 봤다. 왜냐하면 그동안 내가 냈던 시험문제 중 다섯 개씩 골라 준비한 답을 또 성실하게 적었기 때문이다. 할 수 없이 그다음에는 구술로 시험을 봤다.

"페이스북을 왜 합니까? 당신의 이야기를 해보세요."

수업 시간에 공부하고 토론한 것을 바탕으로 본인 스스로의 이야기를 하라고 했더니 상당수의 학생들이 말을 제대로 잇지 못했다. 학생들은 교과서에 나온 것과 교수가 중요하다고 생각하는 것은 잘 외워서 말했지만 스스로의 생각, 스스로의 철학을 요구받을 때는 제대로 답하지 못했다. 초중고 시절에 주인 의식 없는 공부를 해오다 보니 대학생이 되어서도 자기주도적 학습, 즉 스스로 선택하는 즐거움을 누리기가 어려워진다.

주인 의식이 결여된 교육, 스스로 선택하는 즐거움이 결여된 교육은 그 대가를 치른다. 강연장에서 나는 고등학생들에게 이렇게 물어본다.

"아침에 학교 갈 때 엄마 아빠가 깨워주지 않아도 스스로 일어나는 사람 손들어보세요."

그러면 고작 10퍼센트밖에 손을 들지 않는다. 이미 성숙한 고등학생들이 하루의 시작인 아침에 스스로 일어나지 못하는 것이다. 90퍼센트의 학생들을 이렇게 만들어버리는 사회는 뭐가 잘못되어도 한참 잘못된 건 아닌지.

주인 의식의 결여가 국가 엘리트 조직으로까지 번지면 그 대가는 국가적 대참사로 이어질 수 있다. 박근혜 전 대통령은 재직 당시 비선 실세 최순실에 의해 농락당했음은 물론 근무를 제대로 하지 않아 국민들로부터 탄핵당했다. 그런 비정상적인 일이 청와대 안에서 버젓이 일어나고 있었는데 청와대에 근무하는 우리나라 최고 엘리트 공무원 500여 명은 대체 무엇을 하고 있었던 것일까?

그들은 왜 대통령의 비정상적인 행위에 대해 'No'라고 말하지 못했을까? 주인 의식이 결여된 교육은 이런 참사를 언제라도 부를 수 있다.

다행인 것은 우리 사회 곳곳에서 뒤늦게나마 새로운 바람이 불고 있다는 사실이다. 학생들이 '스스로 선택하니 즐겁다'는 체험을 누리면서 학교생활을 하는 곳들이 늘어나고 있다. 의정부에 있는 대안학교인 꿈틀자유학교는 1학년부터 9학년까지 학생이 약 50여 명인데, 초등학교 3학년 때부터 학생들 스스로 학교 규칙을 정한다. 초등학교 3학년 학생에게 물었다.

"학생은 어떤 규칙을 스스로 만들었나요?"

"저는 종이비행기 날리기에 관한 규칙을 만들어서 제안했어요. 종이비행기를 접을 때 그 안에 자기 이름을 써 넣자고요."

듣고 보니 이른바 종이비행기 제작 실명제다. 왜 이런 규칙을 만들었을까?

"이름을 써 넣으면 종이비행기를 날려놓고 청소도 안 하고 그냥 가버리는 친구가 있을 때 누가 그랬는지 금방 알 수 있으니까요."

그럴싸하지 않은가? 이 학교 최고 학년인 중학교 3학년 학생에게도 어떤 규칙을 스스로 만들었는지 똑같이 물었다. 그랬더니 뜻밖의 대답이 돌아왔다.

"우리 중3 학생들은 최근에 이런 합의를 했습니다. 이젠 새로운

우리도 사랑할 수 있을까

규칙을 제안하지 말자고요."

왜 그런 합의를 했을까?

"우린 그동안 너무나 많은 것을 스스로 정해왔거든요. 이제 졸업할 날도 얼마 남지 않았으니 더 이상 새로운 규칙을 만들지 말자고 합의한 거죠."

스스로 선택하는 즐거움에 피로를 느낄 정도로 학생들은 이 학교의 주인으로 지냈던 셈이다. 최근 중등 과정 아이들은 그동안 있었던 규칙을 모두 없애는 새로운 선택을 했다. 규칙이 생활을 얽어매고 있다고 생각했기 때문이다. 이들은 문제가 발생하면 자기들 스스로 회의를 열어 조정해나가고 있다.

2003년에 개교한 이 대안학교는 공립학교에 비해 시설이 열악하다. 운동장도 따로 없고 교실이 들어서 있는 건물도 낡았다. 그러나 '스스로, 더불어, 즐겁게'의 정신을 거의 완벽하게 구현하고 있다. 이 학교의 학생들은 내가 만나본 덴마크 학교의 학생들보다 더 밝은 표정을 짓고 있다.

이 학교 본관에는 이런 글귀가 적혀 있다.

'사람이 살아 있다는 것은 꿈틀거린다는 것입니다.'

이 학교 학생들은 꿈틀거리고 있었고 살아 있었다. 나는 2014년 가을, 이곳에 강연을 하러 갔다가 이 글귀를 발견하고 카메라에 담아왔다. 그리고 다른 강연장에서 이 글귀를 보여주며 이 학교의 아이들이 어떻게 스스로 선택하는 즐거움을 체험하고 있는지를 알렸

'스스로, 더불어, 즐겁게'의 정신이 살아 있으며
학생, 교사, 학부모 들이 함께 꿈틀거리는 학교가 점점 늘어나고 있다.
우리 사회 곳곳에 새로운 바람이 불고 있다.

다. 그들의 꿈틀거림을 번지게 하고 싶었다.

이렇게 강연을 하며 4년 동안 전국을 돌아다녀보니 대한민국 곳곳에 꿈틀거리고 있는 학교, 교회, 지역공동체, 협동조합, 독서 모임, 회사 들이 적지 않다는 것을 알게 되었다. 나는 그들을 '꿈틀리(里) 주민'이라고 부르기 시작했다. 꿈틀거리는 사람들이 사는 동네와 그 주민들. 또한 그들을 연결해주고 그들의 꿈틀거림을 나누기 위해 사단법인 꿈틀리를 만들었다. 꿈틀비행기, 꿈틀리 인생학교도 그 연장선상에서 만들어졌다.

한번은 부산에서 강연을 마치고 질문을 받는데 중학교 3학년 학생이 일어나 이렇게 물었다.

"저 같은 중3짜리도 꿈틀거려도 될까요?"

참 슬픈 질문이었다. 아마 이런 절규였으리라. '저 같은 학생도 살아 있어도 될까요?'

나는 지난 4년 동안 전국의 여러 중고등학교에서 《우리도 행복할 수 있을까》를 읽은 학생 5만여 명과 '저자와의 대화' 형식으로 만났다. 학생들 중에는 깊은 인상을 주어 다시 만나고 싶은 학생도 있었는데 그중 하나가 부산의 고등학교 2학년 학생이었다.

나는 그 고등학교에서 저녁 강연을 한 뒤 여느 때처럼 이메일 주소를 공개했다. 그러자 학생들이 메신저나 문자 메시지로 강연 소감을 보내고 싶다면서 휴대폰 번호도 알려달라고 했다.

작별 인사를 한 뒤 나는 학교 근처의 지하철 플랫폼에서 열차를 기다리고 있었다. 그때 강연을 들은 한 2학년 학생이 다가와 인사를 했다.

"강연 잘 들었습니다."

고맙다고 하자 그가 말을 이었다.

"그런데 말입니다. 아까 선생님께서 마지막에 저희에게 휴대폰 번호를 알려주셨잖아요. 그때 친구들은 다 받아 적었습니다만 저는…… 저는 받아 적지 않았습니다."

순간 이 학생이 무슨 말을 하고픈 걸까 싶어 주춤했다. 그는 내 눈을 뚫어지게 쳐다보더니 말을 이었다.

"왜냐하면 선생님과 저는 반드시 다시 만날 거라는 확신이 들었기 때문입니다. 오늘 저는 '사람이 살아 있다는 것은 꿈틀거린다는 것입니다'라는 말에 꽂혔습니다. 사실 저는 고등학교 생활 내내 죽어 있으려고 했거든요. 그런데 오늘, 선생님 말씀을 듣고 살아 있기로, 꿈틀거리기로 작정했습니다."

'그 녀석, 참 대견하네'라고 생각하던 차에 그가 말을 이었다.

"선생님도 앞으로 계속 꿈틀거리실 테니 그게 언제일지는 모르지만 선생님과 저는 반드시 꿈틀거리는 현장에서 다시 만날 겁니다. 그래서 저는 아까 선생님의 휴대폰 번호를 적지 않았습니다."

감동이었다. 순간 나는 '기자 오연호'가 되어 이 학생의 미래를 추적하고 싶어졌다. 이 학생은 2년 후, 5년 후, 10년 후 어떻게 변해 있을까? 그러려면 이 학생의 연락처를 알아야 한다. 그렇다고 대놓고 학생 이름과 휴대폰 번호를 물어보면 너무 속이 보일 듯해서 이렇게 물어봤다.

"그럼 지금이라도 내 전화번호를 알려줄까요?"

그랬더니 학생은 고개를 저었다.

"아닙니다. 우리는 반드시 다시 만날 겁니다."

학생은 때마침 다가온 지하철을 타고 유유히 사라져버렸다. 나는 부산에 갈 때마다 그 학생이 생각난다. 그는 지금쯤 어디에서 어떤 모습으로 꿈틀거리고 있을까?

2장

왜
사랑하지
못할까

잘하지 않아도 괜찮다

초등학교 때 나는 축구공이 무서웠다. 축구공이 내 쪽으로 오면 괜히 겁부터 났다. 학교 운동장에서 친구들과 축구를 하면서 느꼈던 그 부담감의 정체는 무엇일까? 지금 생각해보면 두 가지 이유를 들 수 있을 것 같다.

첫째, 내 기억으로는 학교나 동네에서 단 한 번도 공을 제대로 잡는 법을 차분히 배워본 적이 없다. 상대방이 패스한 공을 어떻게 하면 잘 잡을 수 있는지에 대해 내가 다닌 시골 초등학교의 선생님이나 동네 형들 누구도 체계적으로 가르쳐주지 않았다. 배운 적이 없으니 서툴고, 서투르니 두려울 수밖에 없었다.

둘째, 공을 놓칠 수 있다는 부담감보다 더 큰 두려움은 시합이 끝난 뒤 친구들이나 형들로부터 받게 될 비난이었다. "너 때문에 졌어!" 이 한마디는 비수가 되어 나의 어린 가슴을 찔러댔다.

그래서 나는 중학교와 고등학교 때 거의 축구를 하지 않았다. 축구 잘하는 친구들이 펄펄 날면서 운동장을 누비는 모습을 구경만 할 뿐이었다. 끼어들고 싶었지만 그들만큼 잘하지 못한다는 생각에 주눅이 들어 지레 참여할 생각조차 하지 않았다.

그런 내가 축구를 다시 시작한 건 서른일곱이 되어서다. 〈오마이뉴스〉를 창간한 2000년에 나는 '신기하게'도 우리 팀의 주전 선수가 되었다. 우리 팀의 이름은 '오마이뉴스축구팀'이었다. 당시 〈오마이뉴스〉는 시민단체인 참여연대를 많이 취재했는데 그쪽에는 '차며연대'라는 축구팀이 있었다. 그 팀이 〈오마이뉴스〉에 친선경기를 요청해왔는데 당시 남자 직원이 11명이 채 안 되는 바람에 나도 당당히 주전 선수가 될 수 있었다. 학교 다닐 때 매번 후보 선수를 하거나 잘하는 아이들이 뛰는 걸 구경만 하다가 주전 선수가 되어보니 얼마나 영광스럽던지. 그날 이후 나는 축구에 서서히 재미를 붙이게 되었다.

나는 15년째 교회 축구팀에서 매주 일요일 2시간씩 축구를 하고 있다. 공을 차면서 한 주 동안 쌓인 스트레스를 털어낸다. 축구는 두려운 존재에서 내 삶의 활력소로 바뀌었다. 운동장에 서면 참 기쁘다. 우선 오십 대 중반의 나이에 그라운드에서 뛸 수 있다는 사실 자체로 기분이 좋다. 무엇보다 가장 기쁜 것은 학창 시절 일명

'개발'이라는 이유로 주눅 들었던 나를 떠올리며 '내 안에 또 다른 내가 있었구나!'라는 생각을 할 때이다.

한편으론 아쉬운 생각도 든다. '내 안에 또 다른 내가 있다'는 것을 초등학교 때의 운동장에서부터 발견했다면 얼마나 좋았을까? 그때부터 내가 이런 마음을 품었다면 얼마나 좋았을까? '잘하지 않아도 괜찮아'가 용인되는 문화 속에서 자랐다면 얼마나 좋았을까?

덴마크의 한 에프터스콜레를 방문했을 때 나는 '잘하지 않아도 괜찮아'가 얼마나 학생들을 주눅 들지 않게 다독이는지 확인했고, 그래서 그것의 소중함을 절절히 느꼈다. 코펜하겐에서 북쪽으로 27킬로미터 떨어진 곳에 있는 셸쇠룬 스포르츠에프터스콜레(Sportsefterskolen Sjælsølund)는 1년 내내 축구를 주로 하는 기숙학교다. 축구를 좋아하는 아이들이 모여 축구를 즐기며 인생을 설계한다. 중학교를 졸업하고 고등학교에 들어가기 직전 1년 동안 자기가 좋아하는 것을 실컷 하면서 지낸다면 얼마나 좋을까? 이들이야말로 '그래, 인생은 즐거운 거야'라는 생각을 몸과 마음에 담을 수 있지 않을까?

만약 이런 1년짜리 기숙 축구학교가 우리나라에 있다면 누가 지원을 할까? 아마도 축구를 아주 잘하는 아이들이 그 학교에 갈 것이다. 축구를 좋아한다 하더라도 축구 실력이 보통이거나 잘 못하는 아이들은 아예 관심도 갖지 않을 것이다. 설령 부모가 권해도 고개를 저을 것이다.

그러나 덴마크에서는 다르다. 축구를 좋아한다면 지금 바로 잘하지 않아도, 완전히 '개발'이더라도 이 학교에 입학할 수 있다. 이 학교의 학생 선발 기준이 '잘하지 않아도 괜찮아'이기 때문이다. 만일 학생 100명을 선발한다면 25명만 축구를 잘하는 순서대로 뽑고, 나머지 75명은 축구를 좋아하는 순서로 뽑는다. 축구 실력이 아니라 왜 축구를 좋아하는지, 왜 배우려고 하는지가 선발의 중요한 기준이 된다. 만약 어떤 학생이 입학 면접에서 이렇게 말했다고 가정하자.

"저는 몸이 몹시 둔합니다. 공이 제게로 오면 무섭습니다. 하지만 축구를 좋아합니다. 저도 한번 제대로 배워보고 싶습니다. 지금은 공이 무섭지만 여기서 1년 동안 차근차근 배워서 그 무서움을 떨쳐내고 공 차는 것을 즐기고 싶습니다. 지금은 비록 잘하지 못해도 열심히 배우겠습니다."

이런 태도와 마음가짐 때문에 이 학생도 합격이다.

비단 이 학교뿐만이 아니다. '잘하지 않아도 괜찮아'라는 정신은 덴마크의 거의 모든 학교에서 문화로 정착되어 있다. 한 에프터스콜레는 1년 내내 전교생이 오케스트라 활동을 하는 기숙 음악학교다. 교장은 나에게 한국 학생 중 이 학교에 오고 싶어 하는 학생이 있다면 추천을 해도 좋다고 했다. 그래서 내가 물었다.

"악기는 어느 정도 다뤄야 합니까?"

"전혀 다뤄본 적이 없어도 괜찮습니다. 와서 배우면 되니까요."

선행 학습이 필수로 자리 잡은 우리나라 교육 문화와는 달라도 너무 달랐다.

《우리도 행복할 수 있을까》 독자 30명과 함께 앞서 말한 축구학교 셀쇠룬 에프터스콜레를 방문했을 때 덴마크 학생들은 우리를 열렬히 환영했다. 환영을 넘어 흥분까지 엿보였다. 한국 남자들을 1~2명 본 적은 있어도 이렇게 단체로 본 것은 처음이라고 했다. 그들은 우리를 보더니 즉석에서 제안했다.

"덴마크 대 한국, 국제 친선경기 한번 해요."

뜻밖의 제안에 우리도 호응했다.

"좋아요. 한번 해봅시다."

문제는 체력과 실력 차이였다. 그들은 열여섯, 열일곱 살이었고, 우리는 30대 2~3명에다 대부분이 40~60대였다. 짧게 20분을 뛰었는데 결과는 뻔했다. 우리가 7 대 0으로 졌다. 스코어도 스코어지만 나중에 찍힌 사진을 보니 가관이었다. 덴마크 학생들은 유니폼을 입고 있었지만 아무 준비 없이 출전한 우리는 청바지와 셔츠 등 옷차림이 제각각인 데다 폼도 엉성했다. 국가 대항전치고는 너무 품위가 없었다. 나는 사진을 보고 크게 반성했다. 질 때 지더라도 다음번엔 좀 그럴싸하게 찍히도록 준비해보자.

그다음 해 에프터스콜레를 방문할 때는 준비물을 챙겨 갔다. 축구 게임에 대비해 반바지와 식별 조끼를 가져간 것이다. 그랬더니 이번엔 사진도 제법 그럴싸하게 나왔다.

내가 좋아하는 사진 중 하나는 대한민국의 50대 선수인 내가 덴마크 골대를 향해 돌진하는 모습이다. 그런데 앞에 장애물이 떡 버티고 서 있다. 덴마크의 열여섯 살 최종 수비수, 그를 제쳐야만 골대를 향해 슛을 날릴 수 있다.

과연 결과는 어땠을까? 사람들에게 그 사진을 보여주면 대부분 내가 덴마크의 최종 수비수에게 공을 빼앗겼을 거라고 말한다. 하지만 예상과 달리 나는 그 열여섯 살 덴마크 소년을 두 번이나 제치고 슛을 날렸다. 어떻게 이런 일이 가능했을까? 사실은 그만큼 그 수비수가 허술했기 때문이다. 덴마크 팀 11명 중에 실력이 가장 떨어지는 것 같았다.

그런데도 나는 그 덴마크 소년에게 감동했다. 실력이 부족한데도 정말 당당하고 즐겁게 뛰었다. 더 감동적인 것은 그 소년을 바라보는 선생님과 친구들의 반응이었다. 그들의 눈길은 그를 열심히 응원하고 있었다. '너도 즐길 권리가 있어! 열심히 뛰어!'

덴마크의 축구학교에서 어떤 아이는 축구를 아주 잘하고, 어떤 아이는 이 최종 수비수처럼 축구를 그다지 잘하지 않았다. 축구 실력의 편차가 컸다. 그런데 한 가지 공통점이 있었다. 모두 표정이 밝다는 점이었다. '잘하지 않아도 괜찮아'라고 모두들 생각하니 잘하든 못하든 안정감이 있었다. 우리도 이런 문화 속에서 학교생활을 했다면 주눅 들거나 위축되지 않고 청소년기를 지낼 수 있었을 텐데 참으로 아쉬웠다. 지금 학교생활을 하고 있는 청소년들도 이런 문화 속에서 지낼 수 있다면 얼마나 좋을까?

곰곰이 생각해보면 우리 아이들에게도 '잘하지 않아도 괜찮아'라는 정신이 통하는 시기가 있다. 유치원 때가 그렇고, 길게 잡아 초등학교 저학년 때까지도 그렇다고 볼 수 있다. 그때까지는 발표회나 축제가 있으면 잘하든 못하든 대부분이 무대에 나가 열심히 한다. 그러나 초등학교 고학년이 되면 서서히 자기 반과 자기 학교에서 아주 잘하는 아이들만 무대에 서기 시작한다. 10퍼센트만 주연이 되고, 90퍼센트는 구경꾼이 되는 것을 서서히 체험한다. 그러다 보니 10퍼센트에 들기 위해 선행 학습을 경쟁적으로 하고, 그 과정에서 탈락한 90퍼센트는 주눅이 들기 시작한다.

'난 왜 잘하는 게 없을까.' '난 선천적으로 머리가 좋지 않은 것 같아.' '난 성격이 너무 소심해서 탈이야.' '난 왜 이렇게 집중력이 없을까.'

이런저런 이유로 아이들이 주눅 드는 것을 우리는 그동안 어쩔 수 없는 것으로 여겨왔다. 과연 그럴까? 덴마크의 사례는 '아니다'라고 말한다.

《우리도 행복할 수 있을까》의 저자인 나와 함께 덴마크로 여행을 떠나는 독자들은 7박 9일 가운데 초반 이틀간 초등학교와 고등

© 오마이뉴스 소중한

중학교를 졸업하고 고등학교에 들어가기 직전 1년 동안
자기가 좋아하는 것을 실컷 하면서 지낸다면 얼마나 좋을까?

학교로 견학을 간다. 독자들 대부분은 단 이틀만 덴마크를 구경하고도 이렇게 말한다.

"오연호 씨가 책에서 거짓말을 하지 않았네요. 이 나라 정말 행복한 나라 맞네요."

그들이 이렇게 말하는 이유는 초등학교와 고등학교를 돌아보고 다음과 같은 점을 느꼈기 때문이다.

'초등학교 1학년 때의 표정이 고등학교 3학년 때까지 유지된다.' 우리는 어떤가? 초등학생 때까지 밝고 명랑하던 아이도 중학생이 되면 표정이 어두워지고, 고등학생이 되면 말까지 없어진다. 우리는 그것을 아이들이 사춘기니까, 공부하느라 힘드니까 어쩔 수 없다고 여기거나 아이들의 성격 탓으로 돌렸다. 학부모 대상 강연장에서 만난 한 엄마는 나를 붙잡고 하소연했다.

"다른 집 아이들은 잘만 버텨내던데 우리 집 아이는 성격이 소심해서 늘 주눅 들어 있고 힘들다고 하니 속상해 죽겠어요. 소심한 성격을 어떻게 해야 벗어날 수 있을까요?"

이런 말을 들을 때마다 나는 말해준다.

"그 아이의 성격 탓이 아닙니다. 그 아이가 소심해서 그런 것도 아니고요. 10퍼센트만 승자를 만들어내는 우리의 교육 방법이 문제입니다. '지금 잘하지 않아도 괜찮아'를 교육 문화로 만들어내지 못한 우리 어른들의 잘못입니다. 그 아이 잘못이 아닙니다. 만약 덴마크처럼 '지금 잘하지 않아도 괜찮아'라고 다독여주는 환경

속에서 학교생활을 한다면 그리 쉽게 주눅이 들겠습니까? 오늘 저녁 아이가 들어오면 꼭 껴안고 '너의 잘못이 아니야'라고 말해주세요."

일단 우리 아이들이 '이건 내 잘못이 아니구나'라는 생각을 가져야 한다. 주눅 든 아이에게 가장 나쁜 상태는 자학, 내가 나를 미워하는 것이다. '지금 잘하지 않아도 괜찮아'라는 마음으로 안정감을 찾고, 이 자학으로부터 벗어나야 다음 단계로 나아갈 수 있다. 그 다음 단계는 '내 안에 또 다른 내가 있다'는 것을 믿고 실천하는 것이다.

나는 지금 새로운 그 무엇을 해보자고 독자들에게 제안하는 것이 아니다. 우리가 이미 표방하고 있는 것을 제대로 삶의 문화로 만들자는 것이다. 대한민국 헌법 10조를 지키자는 것이다. 고등학교 3학년 교실에서 3등급 이상의 아이뿐 아니라 9등급 아이도 "인간으로서의 존엄과 가치를 가지며, 행복을 추구할 권리를 가진다"면 얼마나 좋겠는가. 이 권리가 헌법의 문장으로서가 아니라 우리의 삶 속에 문화로 자리 잡아야 아이들도 어른들도 어깨를 펴고 당당히 살 수 있다.

잘하지 않아도 괜찮아. 내 안에 또 다른 내가 있으니까.

1등의 삶은 행복한가

꿈틀리 인생학교가 강화도에 처음 문을 연 2016년, 나는 새로운 경험을 많이 했다. 덴마크에만 있는 1년짜리 기숙형 인생학교를 우리나라에 처음 도입한 것이라 이사장인 나도 선생님들도 30명의 학생들도 매일매일 새로운 경험과 도전에 직면했다.

첫해부터 외국인 학생이 입학을 타진해온 것도 예상치 못한 일이었다. 어수선한 가운데 개교를 하고 두어 달 지났을 무렵 나는 뜻밖의 메일을 한 통 받았다. 덴마크로부터 날아온 편지는 이렇게 시작하고 있었다.

저는 덴마크에 살고 있는 열여섯 살 학생 안드레아(Andrea)입니다.

최근 덴마크 신문에서 한국에도 덴마크의 에프터스콜레와 같은 1년짜리 인생학교가 생겼다는 기사를 봤습니다. 저도 이 학교에 입학할 수 있을까요?

덴마크에는 에프터스콜레가 250개나 있고 역사가 150년이나 되기 때문에 학교의 종류가 매우 다양하다. 그런데 왜 그곳에 가지 않고 이제 막 생긴 한국의 인생학교에 오고 싶다는 것일까? 우리는 외국 학생을 받아들일 만한 여유와 역량이 아직 없는데 말이다.

나는 뜻밖의 프러포즈를 받은 것이 한편으로는 기분 좋았지만 고민 끝에 입학을 거절할 수밖에 없었다. 그래서 이런 대목을 넣어 답장을 보냈다.

"우리 학교의 모든 수업은 한국말로 이뤄집니다. 한국말을 이제 막 배우기 시작했다는데 그 정도로는 우리 수업에 함께할 수 없습니다."

이 정도 이유라면 포기할 줄 알았다. 그런데 안드레아는 다시 편지를 보내 입학을 허가해달라고 간청했다. 한국말을 이해하지 못해 생기는 어려움은 자신이 감당해내겠다면서.

비록 한국말을 막 배우기 시작해서 수업을 다 이해하지는 못하겠지만 그래도 괜찮다고 생각합니다. 제가 K팝을 알게 되면서 한국을 좋아하게 되었는데, 지금은 한국 역사도 배우고 있고 한국말도 배

우고 있기 때문에 입학을 허락해준다면 가서 서서히 적응해보려고
합니다.

학생이 이렇게 적극적이니 부모와 한번 접촉해봐야겠다는 생각
이 들었다. 학생은 약간의 치기로 이런 발상을 할 수 있겠지만 그
의 부모는 반대할 것이라 예상했다. 그래서 페이스북으로 안드레
아 부모와 영상 통화를 해봤다. 그런데 내 예상은 여지없이 빗나
갔다.

"우리는 딸의 계획을 적극 지원하고 싶습니다. 안드레아의 도전
을 응원하고 싶어요. 여기에서도 에프터스콜레에 1년간 보내려고
했는데 같은 취지의 인생학교가 한국에 생겼으니 좋은 기회가 될
듯합니다."

안드레아는 그해 8월 강화도 꿈틀리 인생학교에 입학했다. 나는
이 학교를 만든 이사장이지만 그 학기엔 국어 선생님도 겸하고 있
었다. 그가 입학한 첫 주의 글나눔 시간을 앞두고 나는 안드레아에
게 특별 주문 숙제를 내줬다. 한국 학생들 앞에서 발표할 에세이를
하나 써오라고 했다. 제목은 '나는 왜 한국에 왔는가'로 제시해줬다.

드디어 글나눔 시간이 되었고 안드레아는 30명의 한국 학생들
앞에서 에세이를 발표했다. 영어로 쓴 글의 시작은 이랬다.

나는 지금 열여섯 살이다. 덴마크에서는 열여덟 살이 되면 학생들이

부모로부터 독립하기 시작한다. 부모로부터의 독립을 2년 정도 남겨둔 지금, 나는 내 인생을 스스로 관리할 수 있는지 테스트해보고 싶었다. 그래서 덴마크를 떠나 한국으로 왔다.

스스로 인생을 관리하고 싶다니! 안드레아는 발표를 이어갔다.

그런데 이 지구상의 수많은 나라 가운데 나는 왜 하필 한국에서 내 인생을 관리할 수 있는지 테스트해보고 싶은 것일까?

나는 여기서 안드레아가 어떤 이유를 댈지 귀를 쫑긋 세웠다.

나는 문화적 충격이 가장 큰 나라를 택해 나를 테스트해보고 싶었다.

참 대견했다. 굳이 어려운 길, 좁은 문을 택해 자기를 단련해보고 싶었다니…… 열여섯 살 학생이 어떻게 이런 마음을 품게 되었을까? 무엇이 안드레아를 이렇게 대담하게 만들었을까? 낯선 나라, 언어도 안 통하는 나라에 오는 것이 무척 걱정되고 불안했을 텐데 안드레아는 어떻게 저 나이에 저렇게 담담하게 도전장을 내밀 수 있었을까?
여러 가지 이유가 있겠지만 나는 안드레아가 자라나면서 덴마크 사회로부터 큰 선물을 받았기 때문이라고 생각한다. 그 선물은 바로 '지금 잘하지 않아도 괜찮아'라는 정신이다. 유치원, 초등학교, 중학교에서 그리고 사회에서 또 가정에서 '지금 잘하지 않아도 괜찮아'라는 사고방식을 '삶의 문화'로 체득해왔기 때문에 저렇게 대담할 수 있는 것이다. 물론 그 배경에는 10퍼센트만이 승자가 되는 사회가 아니라 90퍼센트 이상이 승자가 되는 사회·문화적 안정감이 깔려 있다.

덴마크 학생들은 선행 학습을 모른다. '미리 잘해야 한다'는 강박관념이 없다. 따라서 처음에는 누구나 못하거나 서툴다는 것을 당연하게 여긴다. 그걸 부끄러워하거나 주눅 들어 하지 않는다. 생각해보면 다른 나라 말을 못하는 건 너무나 당연하다. 그 나라 사람을 좋아하기 시작했으면 이제부터 배우면 되는 것이다.

그런데 선행 학습을 필수로 생각하는 대한민국 학생들은 어떤가? 이미 상당히 잘하는데도 주눅 들어 있는 경우가 적지 않다. 요즘 학생들은 지금의 50대, 60대보다 훨씬 영어를 잘한다. 유치원 때부터 영어를 배운 학생도 있고, 영어에 투자하는 시간이 부모 세대보다 훨씬 많다. 그런데도 많은 아이들이 영어 때문에 주눅이 든다. 한국 사람이 영어를 못하는 것은 당연한 일인데도 왜 지나칠 정도로 위축되는 것일까? 우리에겐 '지금 잘하지 않아도 괜찮아'라는 마음가짐이 부족하기 때문이다. 이 배경에는 10퍼센트만이 승자가 되고 90퍼센트는 구경꾼 혹은 루저가 되는 사회에서 생긴 불안감이 깔려 있다. 우리의 현실을 짚어보면 안드레아가 덴마크 사회로부터 받은 선물이 얼마나 값지고 귀한 것인가를 알 수 있다.

안드레아가 '나는 왜 한국에 왔는가'에 대한 발표를 마치자 한 학생이 손을 들었다.

"선생님, 안드레아에게 질문을 하나 하고 싶습니다."

"직접 질문하세요."

"한국에 와서 여러 가지가 낯설 텐데 무엇이 가장 힘든지 질문해보고 싶습니다."

"직접 해보라니까요."

"근데 선생님……."

그는 잠시 머뭇거리더니 자신 없는 말투로 말을 이었다.

"선생님, 제가 영어를 잘 못합니다. 제가 한국말로 질문할 테니 외국에서 오래 살다 온 저 친구가 통역을 해주면 좋겠습니다."

순간 나는 "No"라고 답했다. 이 학생에게 '주눅 들지 않고 도전해보기'를 권하고 싶었기 때문이다.

"학생이 직접 영어로 하세요."

그는 자신 없다며 손을 내저었다.

나는 그 곁으로 다가가 자신감을 불어넣었다.

"우리 꿈틀리 인생학교는 '잘하지 않아도 괜찮아'를 모토로 하고 있습니다. 우리 학생이 영어를 잘하지 않아도 저 덴마크 학생과 충분히 소통할 수 있습니다. 어떻게 하면 될까요? 다음 두 가지에 대해 부담감을 떨쳐버리세요. 첫째, 영어 발음이 유창해야 한다고 생각하지 마세요. 나빠도 괜찮습니다. 둘째, 문법적으로 완벽한 문장을 구사해야 한다고 생각하지 마세요. 틀려도 상관없습니다. 여러분은 초등학교부터 중학교 때까지 영어 시간에 숱한 영어 단어를 접하지 않았나요? 그중에 생각나는 단어나 기억에 남아 있는 단어들로 한번 시도해보세요. 잘하지 않아도 괜찮습니다. 통역에 기대려 하지 말고 학생이 직접 해보세요."

그랬더니 다른 학생들이 응원하기 시작했다.

"네가 해! 네가 해!"

응원 소리가 점점 커지니 결국 그는 직접 할 수밖에 없었다.

딱 두 단어를 뱉어냈다.

"What(무엇이)…… difficult(어려운가)?"

안드레아는 무슨 질문인지를 완벽하게 알아듣고 상세히 답을 했다. 이렇게 직접 소통할 수 있는데 왜 통역을 해줘야 한다고 생각할까? 왜 위축되고 주눅 들어 할까? 덴마크 학생들이 사회로부터 받은 큰 선물, '지금 잘하지 않아도 괜찮아! 10퍼센트 안에 들지 않아도 괜찮아!'를 우리 학생들은 못 받았기 때문이다.

더 심각한 문제는 10퍼센트 안에 드는 우수한 학생들, 전교 1등조차도 불안하다는 점이다. 한 일반 고등학교에서 전교 1등 학생의 고백을 들은 적이 있다. 강연 후 토론을 하는데 한 학생이 일어나 마이크를 잡았다. 그가 "저는 전교 1등인데요"라고 말을 꺼내자 주변 아이들이 고개를 끄덕인 걸 보면 정말 그런 듯했다. 하지만 그는 행복하지 않다고 했다.

"저는 전교 1등이어서 누구보다도 '옆을 볼 자유'가 없습니다. 1등을 유지해야 한다는 생각 때문에 다른 것을 생각할 여유가 없습니다. 요즘 무엇보다 마음이 불편한 것은 저 스스로 선택한 적이 없는데도 지금 이미 어느 대학 어느 학과를 지원할 것인지가 정해져 있다는 점입니다. 저희 부모님과 선생님이 그렇게 합의했고 저에게도 권유하고 있기 때문에 저는 다른 길을 생각할 자유가 거의 없습니다."

이 전교 1등 학생의 미래는 어떻게 펼쳐질까?

'지금 잘하지 않아도 괜찮아'라는 사고방식이 없으면 1등을 향한 끊임없는 경쟁만 있고 90퍼센트 이상을 패배자로 양산하며 그 1등마저도 불안하게 만든다. 무엇보다도 '부족한 그대로의 나'를 사랑할 수 없다. 그래서 1등을 해도 표정이 어둡다.

반대로 '지금 잘하지 않아도 괜찮아'라는 사고방식이 체화되면 안정감을 유지하며 담대하게 도전할 수 있고 지금 잘하지 못하는 사람을 깔보지 않는다. 무엇보다도 '부족한 그대로의 나'를 사랑할 수 있다. 하물며 꼴등을 해도 표정이 밝다.

우리는 아이들에게 이 둘 가운데 무엇을 선물해줘야 할까?

많은 부모들은 실제로 자기 자식이 꼭 1등을 해야 한다거나 10퍼센트 안에 들어야 한다고 생각하지 않는다. 성적이 10퍼센트 안에 들지 않거나 설사 내신 9등급을 받았다 해도 비관하지 않고 '부족한 그대로의 나'를 사랑할 수 있다면, 그래서 표정이 밝고 친구들과 잘 어울린다면 부모의 마음도 편안해진다.

덴마크 학생 안드레아는 한국에서 첫 설을 맞아 전남 영암의 한 시골 마을을 찾아갔다. 한국의 명절을 체험하기 위해 한국인 지인을 따라 이 산골을 찾은 것인데 '우리 동네에 외국 학생이 와 있다'고 금방 소문이 퍼졌다. 마침 고향을 방문한 엄마들이 자기 딸들에게 이렇게 권하기 시작했다.

"얘, 우리도 저 집에 가보자. 가서 그 외국 학생하고 대화 한번 해봐. 그동안 영어 때문에 학원에 쏟아부은 돈이 얼만데. 한번 가서 얼마나 말이 통하는지 보자고."

한 엄마는 고등학생 딸의 손을 잡고 안드레아가 머물고 있는 집까지 찾아왔다. 그의 딸은 영어를 상당히 잘했지만 안드레아가 있는 방에 들어가기를 꺼렸다.

안드레아가 가장 많은 이야기를 나눈 사람은 누구였을까? 바로 그 집 할머니다. 영어를 한마디도 못하는 할머니와 가장 많은 대화를 나눈 것이다. 할머니는 100퍼센트 한국말로 안드레아와 소통했다. "식혜 먹어라. 전 먹어라. 한국 세배는 요렇게 하는 것이다." 몸짓, 발짓을 곁들여 한국말로 해도 안드레아는 다 알아듣고 따라서 했다. 이 할머니의 당당함, 대담함을 우리 학생들이 배워야 하지 않겠는가?

나는 덴마크를 14차례 다녀왔는데 그때마다 영어로 덴마크 사람들과 소통했다. 이렇게 말하면 내가 영어를 상당히 잘하는 것으로 생각할 테지만 실상은 그렇지 않다. 두 번째 덴마크 방문 때 나는 대학생 딸을 데리고 갔다. 내 딸이 나보다 영어 실력이 훨씬 좋기 때문에 안전판 삼아 데리고 간 것이다. 나는 딸에게 부탁했다. 내가 영어로 취재를 하는 동안 때때로 막히는 순간이 있을 테니 옆에서 도와달라고.

부녀는 그렇게 일주일간 협업을 하며 취재를 마쳤다. 마지막 날 밤 저녁 식사를 하는데 딸이 그동안 지켜본 아빠의 영어 실력을 평가하기 시작했다.

"나는 아빠의 영어 실력에 감탄했어."

"왜?"

"두 가지 때문이야."

나는 기대를 가지고 딸의 말을 기다렸다.

"첫째, 아빠의 영어 발음은 너무너무 별로야. 나 같으면 창피해서 말을 못 할 거 같아. 근데 그렇게 발음이 좋지 않은데도 계속 시도하는 걸 보고 놀랐어."

"또 하나는?"

"둘째, 일주일간 아빠가 하는 영어를 옆에서 분석해보니까 사용하는 단어가 대략 500개 미만이더라고. 그렇게 적은 단어를 가지고 이 주제, 저 주제 요리조리 다 써 먹던데? 참 신기했어."

우리도 사랑할 수 있을까

그러면서 딸은 이런 결론을 내렸다.

"암튼 아빠는 영어를 잘해. 잘 못하는데도 의사소통에 문제가 없으니 잘하는 거지."

그렇다. 이 세상에서 영어를 가장 잘하는 사람은 잘 못하더라도 자신 있게 의사소통을 하는 사람이다. 이건 이렇게 달리 말할 수 있겠다. 이 세상에서 가장 행복한 사람은 자기가 다소 부족하더라도 자기를 사랑하는 사람이다. 남이 나를 어떻게 평가해도, 성적이 별로 좋지 않아도, 월급이 많지 않아도 대한민국 헌법 10조를 믿으며 자기를 사랑하는 사람이다.

"모든 국민은 인간으로서의 존엄과 가치를 가지며, 행복을 추구할 권리를 가진다."

내 안의 또 다른 나

"어른이 되면 무엇을 하고 싶나요? 장래 희망을 적어보세요."

초등학교 고학년이 되면 학교에서 학생들에게 이런 주문을 한다. 그러면 학부모들도 어쩐지 신경을 쓰게 된다. 우리 아이는 커서 어떤 사람이 되고 싶을까? 그런데 만약 아이가 엄마에게 이렇게 말한다면?

"엄마, 학교에서 장래 희망을 적어 오라는데 난 아직 무얼 하고 싶은지 모르겠어. 아직 좋아하는 것도 특별히 없고 말이지."

이러면 엄마는 서서히 걱정이 된다. 다른 집 아이들은 의사, 변호사, 교수 등 그럴싸한 직업을 잘도 적어 내는데 우리 아이는 왜하고 싶은 게 없을까? 강연장에서 나는 이런 걱정을 토로하는 학부모들을 자주 만난다. 그때마다 나는 이렇게 말해준다.

"너무 걱정하지 마세요. 그 나이 때에 하고 싶은 것이 아직 없는 것도 지극히 정상 범위 안에 있는 겁니다. 아이가 이상한 것이 아닙니다. 정상입니다, 지극히 정상!"

그렇다면 초등학생도 아니고 중학생, 고등학생, 대학생이 되어서도 장래 희망이 없다면? 하고 싶은 것이 딱히 없다고 한다면? 그 또한 정상이다. 별문제 아니다.

나이와 상관없이 자신의 성장은 이제 멈췄다는 생각을 갖는 것이 오히려 더 큰 문제다. 인간은 살아가는 내내 성장기다. 덴마크 사회가 행복지수 1위를 달리는 이유 중 하나는 덴마크인들이 '인간은 살아가는 내내 성장기'라고 믿기 때문이다. 그것은 '내 안에 또 다른 내가 있다'고 믿는 것으로 이어진다.

나는 2018년 올해 한국 나이로 쉰다섯이다. 내가 처음으로 '나중에 어른이 되면 무슨 일을 하며 살까'에 대해 곰곰이 생각해본 건 중학교 2학년 때쯤이다. 그때 나는 소설가가 되면 어떨까 상상해봤다. 그 많은 직업 중에 왜 하필이면 소설가였을까?

중학교 시절 나는 아주 방어적인 선택을 했다. '현재의 나'만을 보고 여러 가능성을 차단했다. 나는 당시 내성적이었다. 스스로를 남자답지 못하다고 여겼다. 체격이 왜소하고 운동에 소질이 없었기 때문에 더욱 그랬다. 마음이 여리고 담력도 약했다. 선생님에게 어떤 질문을 해야겠다 작심하고 마음속으로 몇 번씩 연습하지만 결국 하지 못할 때가 한두 번이 아니었다. 먼저 나서서 다른 친구들을 모은 뒤 무언가를 도모할 줄도 몰랐다. 그래서 혼자 조용히 글이나 쓰는 사람이 되면 어떨까 생각했던 것이다.

이렇게 방어적인 데다 지극히 일천한 경험이 보태져 나는 소설가의 길로 장래 희망을 진전시켰다. 그 일천한 경험이란 이런 것들이었다. 교내 백일장에서 상을 탔고, 국어 선생님이 참 잘 썼다며 머리를 쓰다듬어주셨다. 그즈음 국어 교과서에서 〈봄봄〉〈동백꽃〉 같은 김유정의 농촌소설을 만났는데 너무나도 친근했다. 마치 우리 동네 이야기 같았다. 우리 동네에서 벌어지고 있는 일들은 김유정 소설의 줄거리보다 더 강렬한 것이 많았다. 그래서 다소 자신감이 생겼다. 우리 동네 이야기를 옮겨 쓴다면 나도 김유정 같은 소설가가 될 수 있지 않을까?

그러던 차에 한 선생님을 짝사랑하면서 편지를 쓰기 시작했다. 그 과정에서 내 심장 소리를 글로 쏟아내는 것에 재미를 느꼈다. 나는 이런 것들을 '지극히 일천한 경험'이라고 표현했지만, 그 시절에는 그것들이 얼마나 크게 느껴졌던지 마치 나의 전부 같았다. 어쨌든 '나의 장래 희망은 소설가'라고 나도 모르게 점점 굳혀가는 과정에는 나는 잘하는 게 별로 없다는 방어적인 생각과 글쓰기에 재미를 느낀 일천한 경험, 이 두 가지의 결합이 있었다.

중학생 시절 나는 두려웠다. 그리고 주눅이 들어 있었다. 어깨는 구부정했고 땅만 보고 걸었다. 나는 당당하게 내 꿈을 이야기하지

우리도 사랑할 수 있을까

못했다. 이 땅에서 소설가로 살아가는 것이 무엇을 의미하는지를 그때 벌써 느끼고 있었으니까. 어른들은 소설을 써가지고는 밥벌이를 할 수 없다고 했다. 그런데 나는 아무리 내 안을 뒤져봐도 그것밖에는 잘하는 것이 없었다. 그러니 주눅이 들 수밖에.

지금 생각해본다. 어땠을까, 그때 만약 누군가 내게 이렇게 말해줬다면.

"지금의 너를 두고 그게 너의 모든 것이라고 판단하지 마. 너는 지금 성장 중에 있어. 아니, 인생은 살아가는 내내 성장기야. 네 안에는 또 다른 네가 있어. 너는 지금 네가 내성적이라고 여기지만 나중에 외향적으로 바뀔 수도 있단다. 너는 지금 체격도 왜소하고 운동도 못하지만 나중에 바뀔 수 있어.

그리고 말이야, 세상에는 할 일이 참 많단다. 글을 쓰는 데 재미를 느끼고 있기 때문에 소설가가 되고 싶다고 말했지? 그런데 선생님도 사업가도 법조인도 여행가이드도 혁명가도 글 쓰는 능력이 필요해. 글을 잘 쓴다고 반드시 소설가가 되어야 하는 건 아니란 뜻이야. 너무 빨리 '나는 이런 사람이야'라고 단정하지 말고, 너무 빨리 너의 앞길을 정하지 말고, 네 안에 있는 또 다른 너에게 말을 걸어봐. 자꾸 말을 걸어봐. 네 안에 있는 또 다른 네가 너를 기다리고 있거든. 얼마나 가슴 설레는 일이야. 지금까지의 나와는 또 다른 나와 만날 수 있다는 것이 말이야. 주눅 들어 하지 말고 어깨를 쫙 펴. 설레는 앞날을 향해 어깨 펴고 당당히 걸어."

또 생각해본다. 그때 만약 누군가 나에게 이렇게 말해줬다면 어땠을까?

"성격이 내성적이라고? 왜 그걸 부정적으로만 생각해? 반대로 내성적인 사람은 차분할 수도 있고, 감성이 풍부할 수도 있고, 뭔가를 깊이 생각하는 능력을 갖고 있다는 말도 되잖아. 내성적이어서 사업가가 될 생각은 아예 안 해봤다고? 네가 내성적이라면 외향적인 친구, 마케팅을 잘하는 친구와 한 팀이 되어서 회사를 창업할 수도 있잖아. 국어는 잘하는데 수학을 못해서 경영 쪽은 전혀 생각을 안 해봤다고? 그럼 수학을 잘하는 친구와 함께 경영을 하면 되잖아.

아까 앞에서 네 안에 또 다른 네가 있다고 했지? 그런데 그 또 다른 나는 말이야, 내 안에서만 발견되는 것이 아니라 우리 안에서, 다른 사람과의 관계 속에서도 발견되거든. 그러니까 우리 속으로 들어가봐. 다른 사람과의 관계 속으로 들어가봐. 그 우리, 그 관계가 너의 부족한 것을 메워줄 수도 있고, 그 과정에서 또 다른 나를 발견할 수도 있을 거야."

어땠을까, 그때 이런 말을 들었더라면. 그러나 중학교, 고등학교 시절 나는 이런 말을 들어본 적이 없다. 그래서 외롭고 주눅이 들어 있었다. 지금 되돌아보니 중년이 되기까지 내 인생은 '내 안에 있는 또 다른 나'를 만나는 과정의 연속이었다. 이럴 줄 알았으면 청소년기에 그렇게 어깨 축 처져서 살 필요가 없었을 텐데.

우리도 사랑할 수 있을까

대학생이 되면서 나는 내 안에 있는 또 다른 나를 만나는 체험을 격하게 했다. 그전까지 심약한 줄로만 알았던 내 안에 혁명가가 있을 줄은 몰랐다. 대한민국의 민주주의를 진전시키지 않고서는 개인의 행복도 없다고 생각한 '우리' 속으로 들어갔더니, 군사독재정권과 대항하는 담대한 나를 만날 수 있었다. 학생운동을 하다 붙잡혀 감옥에 갈 수 있다는 생각을 하면서도 기꺼이 그것을 감내해내는 용기가 내 안에 있었다. 짝사랑하던 선생님을 향해 연애편지를 쓰면서 심장이 뛰던 나는 전두환 대통령을 규탄하는 '불법 유인물'을 쓰면서 심장이 더 크게 뛸 수 있다는 것을 깨달았다. 연애편지와 불법 유인물의 공통점은 목숨을 걸고 쓰는 것이란 사실도 알았다. 소설도 중요하지만, 있는 사실조차 제대로 보도되지 못하는 시대에는 사실을 쓰는 것이 더 중요하다는 생각도 들었다.

감옥에서 1년을 보낸 후 나는 사실을 쓰는 기자의 세계에 입문했고, 그 과정에서도 새로운 나, 새로운 우리를 만났다. 서른일곱 살이 되던 2000년, 〈오마이뉴스〉를 창간하면서 그전에는 전혀 볼 수 없었던 또 다른 나를 만났다. 소설가 지망생 오연호, 학생운동가 오연호, 기자 오연호가 이제 언론사 대표 오연호로 변신한 것이다.

나는 중고등학교 시절 내가 사업가가 될 거라는 생각은 정말 꿈에도 하지 못했다. 특히 혼자 조용히 소설이나 써야겠다고 생각했기에 사업으로 돈을 벌고 남에게 월급을 주는 사람이 될 거란 생각은 전혀 하지 못했다. 그런데 창간 때 4명이었던 직원은 지금 120

명이 되었다. 나는 매월 25일이 되면 그들의 월급을 책임져야 한다. 참으로 신기한 일은 〈오마이뉴스〉 창간 이후 지금까지 18년 동안 월급날을 단 하루도 미뤄본 적이 없다는 것이다. 내 안에 이런 내가 있었다니. 나는 광고주를 만나면 적극적으로 영업을 해야 한다. 소설가 지망생 오연호 안에 영업맨 기질이 있었다니.

덴마크와 만난 이후 나는 몇 개의 또 다른 나를 만나고 있다. 덴마크가 왜 행복지수 1위의 나라인지를 심층 취재하러 2013년 봄 코펜하겐으로 처음 떠났을 때 나는 이렇게 많은 또 다른 나를 만날 거라곤 전혀 상상하지 못했다.

첫째, 내 안에 강사 오연호가 있었다. 그전까지 나는 글로 사실을 쓰는 기자 오연호였다. 그러나 덴마크를 만나고 《우리도 행복할 수 있을까》를 펴낸 이후 나는 주로 강연장에서 말로 독자를 만난다. 배우로 치면 약 2시간 동안 홀로 연기를 하는 셈인데, 관객과 호흡하면서 보내는 그 시간에 나는 글쓰기에서는 맛보지 못한 입체감과 역동성을 체험하고 있다. 무엇보다 내가 그것을 즐기고 있음을 느낀다. 그래서 같은 주제로 800회 넘게 강연을 계속할 수 있었다.

둘째, 내 안에 여행가이드 오연호가 있었다. 어느 날 강연을 듣던 한 독자가 "우리와 함께 덴마크에 가주시면 좋겠습니다"라고 제안한 것이 계기가 되어 꿈틀비행기라는 이름으로 지금까지 10회에 걸쳐 300여 명과 '덴마크 행복여행'을 다녀왔다. 7박 9일 일정

'내 안의 또 다른 나'는 나 혼자 만들어낸 것이 아니다.
'우리가 만들어낸 나'다. 대한민국 사회를 더 행복한 사회로 만들고 싶은
이들의 요청과 호응이 없었으면 강사 오연호는 없었을 것이다.

내내 나는 여행가이드가 된다. 글쓰기나 강연보다 더 재미있는 것은 여행가이드가 되어 생생한 현장에서 독자들과 만나는 일이다.

셋째, 내 안에 학교 설립자 오연호, 국어 선생님 오연호가 있었다. 사실 나는 기자 활동을 하면서 주로 정치 분야에 집중했다. 교육에 대한 관심은 상대적으로 덜했다. 그런데 덴마크를 만나면서 교육에 깊은 관심을 갖게 되었다. 덴마크가 왜 행복지수 1위의 나라가 되었는지 파고들었더니 그 뿌리가 교육에 있었다. '죽어 있는 교육을 버리고 살아 있는 교육을 하자'가 핵심이었다. 그것을 중심으로 책으로 썼더니 학교, 교육청, 학부모 모임 등 교육계에서 강연 요청이 많았다. 나는 강연장에서 그들과 함께 '그렇다면 우리는 무엇을 해야 할 것인가'를 모색하면서 덴마크형 에프터스콜레를 우리나라에도 도입해보자는 생각을 했다. 그래서 2016년 3월 강화도에 꿈틀리 인생학교를 만들었다. 나는 학교 설립자가 되었고, 이 학교의 국어 선생님이 되었다.

덴마크를 만나면서 발견한 '내 안의 또 다른 나'는 나 혼자 만들어낸 것이 아니다. '우리가 만들어낸 나'다. 대한민국 사회를 더 행복한 사회로 만들고 싶은 이들의 요청과 호응이 없었으면 어떻게 800회 이상 강연하는 것이 가능했겠는가? 강사 오연호는 없었을 것이다. 7박 9일 동안 덴마크로 여행을 떠난 동행자들이 시큰둥했다면 어떻게 꿈틀비행기가 10회까지 이어졌겠는가? 여행가이드 오연호는 없었을 것이다. 꿈틀리 인생학교를 준비하던 1년 동안 관련 토론회와 포럼장이 썰렁했거나 1회 입학생 30명의 호응이 없었다면, 정승관 교장 선생님을 포함한 선생님들의 동참이 없었다면 어떻게 교육에 문외한인 내가 학교를 설립할 생각을 감히 했겠는가? 학교 설립자 오연호, 국어 선생님 오연호는 없었을 것이다.

'내 안의 또 다른 나'는 이렇게 우리 안에서, 우리 속으로 들어가 그들과 함께하면서 만들어지고 있다. 우리 속에서 진화되고 있다. 중고등학교 때 내 안에 전혀 없을 것 같았던 또 다른 내가 이렇게 우리 속에서 즐겼더니 새롭게 나타나고 있는 것이다. 즐기면 이루어진다. 우리 속에서 즐기면 또 다른 나의 진화는 더 잘 이루어진다.

나는 지금도 여전히 설렌다. 내 인생의 나무는 내일 또 어떤 방향으로 새 가지를 뻗어나갈지.

어떤 인생을 살 것인가

"누구를 대상으로 한 강연이 가장 어려웠습니까?"

지난 4년 동안 《우리도 행복할 수 있을까》의 책 내용을 중심으로 800회 이상 강연을 했다고 하면 가끔 이런 질문을 받는다.

그래서 내 나름대로 가장 어려웠던 강연 1, 2, 3위를 뽑아봤다. 그 당시 강연을 하면서 무척 힘들었기 때문에 기억에 오래 남아 있어 그런지 그리 어렵지 않게 꼽을 수 있었다.

우선 3위부터 보자. 3위는 속세를 떠난 스님들을 대상으로 한 강연이다. 충청도의 깊은 산중에 마련된 강연장에 들어서니 머리를 깎은 스님 50여 명이 앉아 있었다. 모두 속세를 떠난 지 25년 이상 되신 분들이었다. 그런 분들 앞에서 행복론을 이야기하자니 얼마나 어려웠겠는가?

　2위는 경상남도에 있는 모든 초중고 교장 선생님들 1000명을 대상으로 한 강연이다. 학창 시절 내 기억 속의 교장 선생님들이 모두 근엄한 분들이라서 그런지 그분들을 대상으로 강연하는 것 자체가 부담스러웠다.

　그렇다면 가장 어려웠던 강연 1위는? 고3 수험생들이 수능 성적표를 받아 든 날, 그들을 대상으로 한 강연이다. 나는 그해 겨울 그날을 잊을 수가 없다. 3년 전 고3이었던 우리 아들도 수능을 봤기 때문에 더욱 그렇다. 수능을 보던 날, 이른 아침 고사장까지 아들을 바래다주면서 최선을 다하길 기도했던 기억이 아직도 생생하다. 시험을 보는 내내 아내와 나는 초조했다. 실수하지 않고 시험을 잘 보고 있을까? 혹시 시험을 보다가 갑자기 피치 못할 사정이 생겨 시험을 망치지는 않았을까? 제발 그런 나쁜 상황이 발생하지 않기를 기도하면서 4교시 시험이 끝나는 오후 5시를 기다렸다.

　드디어 시험이 끝나고 집에 돌아온 아들의 표정은 그리 밝지 않았다. 자기 방으로 쏙 들어가더니 한참을 나오지 않았다. 시험문제의 답을 맞춰보는 것 같았다. 아내와 나는 긴장했다. 과연 아들은 어떤 표정으로 문을 열고 나올까. 찬물을 들이켜며 아들이 나오길 기다리는데 드디어 문이 열렸다. 아들의 두 눈은 당장이라도 눈물을 쏟아낼 기세였다.

　우리 집 분위기는 가라앉았다. 나는 아빠로서뿐만 아니라 《우리도 행복할 수 있을까》의 저자로서도 마음이 아팠다. 내가 '덴마크 사람들은 왜 행복한가'를 취재하고 강연한 시기와 우리 아이가 고등학교를 다니던 3년은 일치한다. 나는 덴마크를 다녀올 때마다 고등학생 아들에게 밥상머리 교육을 했다.

"덴마크 고등학생들은 30퍼센트만 대학교에 가더라. 고등학교만 졸업한 아이들도 택시 기사를 하든 식당 종업원을 하든 당당하게 살고 있어. 덴마크에는 따로 '좋은 대학'이 없어. 모든 대학이 다 좋은 대학이기 때문이지. 좋은 대학이라는 개념 자체가 우리와는 다르던걸. 자기가 다니는 대학의 이름 때문에 좋은 대학인 것이 아니라 내가 하고 싶은 공부를 하고 있으면 그곳이 어디든 좋은 대학이 되는 거지."

덴마크 고등학생들의 경우를 예로 들며 대학에 가는 의미가 무엇인지 그리고 좋은 대학에 가야 한다는 부담감 때문에 너무 스트레스 받지 말라는 이야기를 지속적으로 해줬던 것이다.

"엄마 아빠는 네가 최선을 다하는 것만으로도 고마워. 그러니 결과에 너무 연연하지 말았으면 좋겠어."

평소에 이런 대화를 주고받았지만, 수능이 끝나고 답을 맞춰본 후 눈물을 흘릴 듯한 아들을 보니 안타까운 한편, 나 자신마저 무기력하게 느껴졌다.

그런데 그다음 날 한 고등학교의 3학년 부장 선생님으로부터 전화가 왔다.

"12월 3일 오전 10시에 강연을 해주실 수 있겠습니까?"

"어떤 강연인가요?"

"그날 오전 9시에 고3 아이들에게 수능 성적표가 전달됩니다. 작가님께서 우리 학교에 오셔서 수능 성적이 인생의 전부가 아니라는 말씀을 좀 해주셨으면 합니다."

순간, 오늘 아침에도 눈물을 보였던 아들의 얼굴이 떠올랐다. 나는 고개를 내저으며 답했다.

"저는 자격이 없습니다. 우리 집에도 고3 사내 녀석이 하나 있는데 지금 울 기세입니다."

그러자 아무 대답이 없었다. 이때다 싶어 확실한 거절을 했다.

"집구석에 있는 자기 아들 마음도 하나 못 다스리는데, 어디 가서 무슨 이야기를 하겠어요. 저는 못 가겠습니다."

이 정도면 포기할 줄 알았다. 그런데 3학년 부장 선생님은 오히려 나를 설득했다.

"그래도 좀 와주실 수 없겠습니까? 제가 오죽하면 이리 어려운 부탁을 하겠어요? 우리 아이들이 어떤 애들이냐면요. 중학교 때까지 반에서 5등 안에 들던 아이들만 모여 있는 학교입니다."

그의 목소리는 눈물에 젖어드는 듯했다.

"그런데 불과 3년이 지나 수능을 본 지금, 이 아이들 가운데 10퍼센트 정도만 만족하고 있고 90퍼센트는 자신을 실패자라고 생각하고 있습니다. 이 젊은 나이에 수능 성적 때문에 자신을 실패자라고 생각한다면 우리 아이들이 너무 아깝지 않습니까? 제발 좀 와주세요."

아, 아이들에게 이런 사랑을 품고 있는 선생님이 계셨구나. 이런 선생님들이 있기에 대한민국 학교들이 그 어려운 여건 가운데서도 한편으로 건강성을 유지하고 있는 것이 아닐까? 나는 아이들을 사랑하는 선생님의 마음에 굴복해 결국 강연을 하기로 했다.

드디어 수능 성적이 발표되던 날, 나는 강연 시작 10분 전에 그 학교 건물로 들어섰다. 수능 성적을 이미 받아 든 학생들은 여기저기서 눈물을 뿌리고 있었다. 복도 한쪽에서는 두 학생이 부둥켜안고 울고 있었다. 절망과 분노가 뒤섞인 목소리도 들렸다.

"에잇, 우리 엄마는 왜 자꾸 전화질이야!"

나는 강연을 수락한 것을 후회했다. 어떻게 저 아이들과 1시간을 보낼 것인가.

강연장에 들어서니 수능 성적을 받아 든 고등학교 3학년 학생 250명이 고개를 푹 숙이고 앉아 있었다. 나는 우리 아들의 얼굴까지 떠오르면서 도무지 뭐라 할 말이 없었다. 아이들에게 어떤 말을 해줄 수 있을까? 그때 나도 모르게 나온 첫마디가 이것이었다.

"미안합니다."

자포자기의 표정으로 고개를 숙이고 있던 아이들은 강사가 느닷없이 미안하다고 하자 여기저기서 시선을 쳐들었다.

"미안합니다. 우리 어른들이, 기성세대가 오늘 여러분의 표정을 만들어냈습니다. 우리 어른들은 그동안 한다고 하면서 많은 노력을 해왔습니다. 산업화도 해보고, 민주화도 해보고 말이죠. 그런데 오늘 여러분의 표정을 보니 우리가 해낸 산업화, 우리가 이룩한 민주화가 무엇을 위한 것이었는지, 무엇을 이룩해낸 것인지를 다시 한번 생각하게 됩니다.

저는 행복지수가 세계 1위라는 덴마크에 가서 행복한 사회의 징표가 무엇인지를 찾아봤습니다. 그것은 한마디로 초등학생 때 아이의 표정이 고3 때까지 유지된다는 것을 말하더군요. 초등학생 때의 밝고 명랑한 표정을 고등학교 졸업 때까지 간직하는 것이 가능하다는 사실을 덴마크는 보여주고 있었습니다.

여러분, 여러분은 초등학생 때 얼마나 밝고 명랑했습니까? 그런데 중고등학생이 되면서 얼마나 많은 불안, 초조, 긴장에 시달려왔습니까? 이런 사회를 만들어온 기성세대의 한 사람으로서 오늘 여러분들에게 참 미안하다는 말씀을 드립니다."

그러자 조금 더 많은 학생들이 나와 눈을 맞추기 시작했다. 덕분에 나는 그 강연에서 전하고 싶었던 본론에 들어갈 수 있었다.

"여러분, 제가 덴마크에 가서 그들이 왜 행복한지 살펴봤더니 그중 하나가 이런 철학을 갖고 있기 때문이더군요. '인생은 살아가는 내내 성장기다. 내 안에는 또 다른 내가 있다.' 그렇습니다. 여러분의 성장은 고3으로 끝나는 것이 아닙니다. 인생 내내 성장합니다.

지금의 내가 나의 전부가 아닙니다. 지금 여러분이 받은 수능 성적의 숫자가 여러분의 전부가 아닙니다. 여러 가지의 나 가운데 하나일 뿐입니다."

그러면서 나는 개인적인 이야기를 들려주었다. 중고등학생 시절에 내가 생각했던 나와 지금의 내가 얼마나 달라져 있는지를. 나는 목소리를 조금 더 높였다.

"가장 안 좋은 것이 자학입니다. '나는 쓸모없는 인간이야' 이렇게 자기를 미워하는 것이 가장 안 좋은 상태입니다. 여러분, 자기를 보듬어주십시오. 내 안에 있는 또 다른 나를 토닥거려주십시오. 지금은 안 보일지 모릅니다. 그러나 여러분 안에는 또 다른 여러분이 있습니다. 자기를 사랑해주십시오."

그랬더니 몇몇 학생들이 주먹으로 눈물을 훔쳤다.

"초등학생 때는 표정이 밝았는데 고등학생이 되고 나서 어두워졌나요? 그래서 자기를 탓하나요? 옆 친구는 공부도 잘하고 표정도 좋은데, 나는 왜 이럴까 자기를 탓하나요? 그런데 그게 여러분의 잘못이 아닙니다.

만약 여러분이 덴마크 아이들처럼 '쉬었다 가도 괜찮아' '다른 길로 가도 괜찮아' '지금 잘하지 않아도 괜찮아' 이 세 가지 '괜찮아' 정신을 초등학교 때부터 고등학교 때까지 누렸다면 여러분의 표정이 어두워졌겠습니까? 10퍼센트만 승자가 되는 사회가 아니라 90퍼센트 이상이 승자가 될 수 있는 사회에 산다면 여러분이 그렇게 불안, 초조, 긴장하겠습니까? 여러분의 잘못이 아닙니다. 여러분 크게 외치십시오. 내 탓만이 아니구나!"

나의 결론은 이것이었다.

"인생은 한 번밖에 없습니다. 그런데 대한민국 사회에서처럼 사는 것이 유일한 방법은 아닙니다. 다른 길도 있습니다. 지구상에는 어떻게 사는 것이 사람답게 사는 것이냐를 두고 200개 이상의 나라가 저마다의 사회 모델을 제시해두고 있습니다. 한 번밖에 없는 인생, 여러분은 이 나라 저 나라의 모델을 비교 검토하면서 여러분만의 새 모델을 만들어내십시오. 우리나라 헌법 1조가 말하고 있지 않습니까? '대한민국의 모든 권력은 국민으로부터 나온다'고요. 여러분이 최고 권력자이고 주인입니다. 앞으로 어떤 대한민국을 만들 것인가, 어떤 인생을 살 것인가는 여러분의 손에 달려 있습니다."

그렇게 강연을 마쳤다. 학생들의 표정은 강연 직전보다 조금은 나아 보였다. 그중에는 확실히 표정이 좋아진 학생들도 있었는데 강연을 마치고 떠나는 나를 복도까지 따라온 3명은 더욱 그랬다. 그들은 큰 위로를 받았다면서 페이스북 친구를 삼아달라고 했다. 그래서 복도에 선 채 이런저런 이야기를 더 나눴는데 모두 수능을 잘 보지 못한 상태였다. 갑자기 우리 아들 생각이 났다. 수능을 보고 나서 몇 차례나 눈물을 보이려 했던 아들이 오늘 공식 성적표를 받았으니 또 한 번 좌절할 듯해서 그 아이들에게 물어봤다. 내 인생 상담을 해본 것이다.

"우리 아들도 고3이고 이번에 수능을 봤어요. 오늘 학생들에게 해준 위로의 말을 우리 아들한테도 몇 차례나 해줬지만 수능을 못 봤다고 울려고 하더라고. 왜 그럴까? 아빠가 어떤 말을 해줘야 진정으로 위로를 받고 표정을 좀 펼 수 있을까? 학생들이 같은 고3이니까 우리 아들의 입장이 되어서 한번 얘기해줘요."

그랬더니 한 학생이 이렇게 답하는 것이었다.

"말로만 괜찮다 하지 마시고, 실제로도 괜찮으십시오."

오호! 이게 무슨 말인가? 마치 스님들이 나누는 선문답 같았다. 그 학생이 설명했다.

"제가 수능을 본 날, 가채점을 해보고 나서 엄마한테 솔직히 이야기했어요. 엄마, 미안해. 엄마가 3년이나 고생하면서 나를 보살펴줬는데 이번에 시험을 망쳤어. 그래서 엄마가 기대하는 대학에 못 가게 될 것 같아. 엄마 미안해."

여기까지 말하고 학생은 침을 삼켰다.

"제가 이렇게 고백하니까 엄마가 뭐라고 했는지 아세요? 말로는 괜찮다고 했어요. 그런데요, 저녁 먹고 엄마가 설거지를 하시는데 그릇들을 너무 세게 부딪치더라고요. 다음 날 아침에도 일어나시더니 머리가 띵하다고 하시고요. 엄마는 말로는 괜찮다고 했지만 사실은 안 괜찮은 거예요. 그래서 제가 요즘 죄인 신세입니다. 그런 엄마를 보면 가슴이 너무 아파요. 제발 말로만 괜찮다고 하지

우리도 사랑할 수 있을까

마시고, 실제로도 괜찮았으면 좋겠어요."

들고 보니 고개가 끄덕여졌다. 행복사회가 별건가? 사랑하는 자식에게 "괜찮을 거야" 하면 실제로 괜찮아지는 사회가 행복사회다. 이 학생의 엄마는 말로는 괜찮다고 했지만 자식이 사회에 나가 괜찮지 않을 것 같으니까 계속 걱정하고 있는 것 아닌가? 엄마가 그런 불안한 표정과 몸짓을 담고 있으면 아이들은 정확히 그것을 읽어내고 함께 불안해진다.

'쉬었다 가도 괜찮아. 다른 길로 가도 괜찮아. 지금 잘하지 않아도 괜찮아.'

덴마크는 이것을 실제로 구현함으로써 행복지수 1위의 나라가 되었다. 성적이 3등급이던 아이가 5등급으로 떨어졌을 때 '그래도 괜찮아'라고 위로하면 덴마크 사회에서는 실제로 괜찮다. 고등학교만 졸업하고 직장을 구해도 기본적인 복지 혜택을 받기 때문에 생활고로부터 해방되어 자기 삶을 즐길 수 있다. 노동자가 해고되면 '그래도 괜찮아'라는 위로를 받는데 정말 실제로 괜찮다. 2년 동안 자기 월급의 90퍼센트에 달하는 실업수당을 받는다. 또 노사정 합의기구인 재취업알선소에서 재교육을 받으며 2년 이내에 적절한 곳으로 재취업되도록 지원을 받는다.

행복사회란 어려운 것이 아니다. 사랑하는 자식에게, 사랑하는 제자에게, 사랑하는 친구에게 우리가 건네는 위로의 말 '걱정 말아요. 괜찮을 거예요'가 실제로 통하는 사회다. 사랑이 말에 그치지 않고 실제로 구현되는 사회다. 우리도 그런 사회를 만들어야 한다. 801회 중 가장 어려웠던 강연에서 그 고3들 덕분에 나는 행복사회를 설명하는 아주 소중한 표현을 얻었다.

나는 다른 강연장에서 이날의 경험을 여러 차례 이야기했다. 학부모 대상 강연장은 이 이야기를 꺼내면 눈물바다가 된다. 전북 익산의 한 강연장에서는 저녁 강연을 마치자 주최 측이 나에게 뭔가를 건네줬다. 수첩 종이를 뜯어내 딱지 모양으로 접은 쪽지였다. 한 학부모가 먼저 나가면서 강사에게 전해달라고 부탁했단다. 올라오는 열차 안에서 접힌 쪽지를 풀어봤다. 어떤 마음을 전하고 싶은 것일까? 딸들을 둔 한 엄마가 볼펜으로 정성스레 또박또박 눌러 쓴 글이 쪽지에 담겨 있었다. 그것은 한 편의 시였다.

오늘의 강연 들으며 속으로 울었습니다.
말로만 딸들에게 괜찮다고 했더라고요.
진심으로 더 이해해주고 솔직해보려 합니다.
즐거운 강연이지만 저는 속으로 내내 울었습니다.
저는 7시 이전의 저와는 조금은 다른 자신
다른 엄마 다른 아내 다른 위대한 백성이 되었습니다.

오늘의 강연들으며
눈으로 울었습니다.

말로만 딸들에게 관심받다고
해봤더라구요.

진심으로 더 이해해주고
느껴해보려합니다

즐거운 강연이래만
저는 눈으로 내내 울었습니다

저는 이제 이전의 저와는
걸음을 다를 거야
다른 엄마 다른 아내
다른 위대한 백성이 되었습니다
　　　　감사합니다.

자유로운 개인, 끈끈한 공동체

"혹시 아파트에 사세요? 아파트 엘리베이터에서 이웃을 만나면 인사를 합니까, 안 합니까?"

강연장에서 청중에게 물어보면 인사를 안 한다는 사람이 8 대 2로 더 많다. 같은 아파트, 같은 동에 살고 심지어 바로 옆집에 사는데도 엘리베이터 안에서 함께 있는 그 몇 초가 매우 어색할 때가 많다. 인사를 해도 어색하고, 인사를 안 하면 더욱더 어색하다. 우린 왜 이렇게 살고 있을까?

나는 1년 전에 한 아파트 단지로 이사 왔다. 이 단지에는 3000세대가 살고 있지만 나와 알고 지내는 사람은 우리 식구 셋 말고는 단 한 명도 없다. 엘리베이터에서 마주치면 가벼운 인사를 나누지만, 단지 안을 걷다가 사람을 만나면 인사를 하지 않는다. 인사를 하면 오히려 이상한 사람 취급을 당할까 봐 그러지도 못한다.

아파트에 살면 편리하다고들 한다. 확실히 편리하다. 개인의 프라이버시가 보장된다. 아파트에 살면 안전하다고들 한다. 확실히 안전하다. 내가 지방 출장 때문에 집에 못 가도 아내는 걱정 없이 잘 잔다. 하지만 장점은 딱 거기에서 멈춘다. 수천 세대가 함께 살고 있지만 아파트에 살면 이웃이 없다. 그래서 때론 외롭다. 함께 사는 동네인데 모두가 혼자다.

물론 일부 아파트에서는 '아파트공동체 마을살이' 운동이 펼쳐지고 있다. 아파트 옥상에 텃밭을 만들어 주민들이 함께 가꾸기도 하고, 아파트 도서관을 운영하기도 하며, 아파트 축제도 벌인다. 하지만 이런 아파트는 극소수다.

아파트가 아니더라도 서울의 주택가에서는 옆집에 누가 사는지 모르는 일이 다반사다. 심지어 같은 집에서 하숙을 하는 하숙생들도 서로 모르고 지내는 경우가 많다. 우리 딸은 대학교 4학년인데 최근 몇 달간 하숙을 했다. 그 집에서 몇 명이 하숙하고 있냐고 물었더니 "잘 모르겠는데? 9명 정도 될까?" 이렇게 말했다.

"몇 명이 사는 줄도 몰라? 식사할 때 서로 인사도 나누고 그러지 않니?"

"에이, 요즘엔 그런 거 없어요. 다들 자기 공부하고 시험 준비하기 바쁜데."

하숙집에서 하숙생들이 다 같이 모여 함께 맥주잔을 기울이며 정들어가는 풍경도 옛날 일이 되어버렸다. 아파트건 주택가건 하숙집이건 각자도생이 대세가 되어버렸다. 이웃 관계가 사라지니 다 자기 혼자 책임져야 한다. 독거노인이 숨진 지 수십 일이 지나서야 발견되었다는 뉴스는 그래서 슬프다. 죽었다고 알리는 일마저 개인 책임이 되어버렸다.

우린 왜 이렇게 살고 있을까? 왜 '나'만 있고 '우리'가 없는 것을 당연하게 여기며 살고 있을까? 자유만 있고 연대가 없는 절름발이 사회가 숱한 부작용을 만들어내고 있는데도 왜 우리는 자유와 연대를 조화시키려는 노력을 본격적으로 하지 않을까?

덴마크는 오랫동안 나와 우리, 자유와 연대를 조화시키려는 노력을 기울여왔다. '내가 행복하려면 우리가 행복해야 한다'는 철학을 학교에서는 교육으로, 사회에서는 삶과 문화로 정착시켰다. 그 결실이 바로 행복지수 1위의 나라다.

대한민국은 덴마크와 무엇이 다르기에 그 두 가지의 조화를 이루지 못했을까? 바로 철학의 부실이다. '어떻게 살 것인가, 인간답게 사는 것은 무엇인가, 인간을 행복하게 하는 것은 무엇인가'에 대한 철학의 부실은 교육의 부실로 이어졌고, 그것이 사회 속에서 삶과 문화의 부실로 이어졌다. 나의 안위, 나의 성공, 나의 출세만 주요 관심사가 되었고, 우리라는 개념은 점점 사라졌다. 하지만 우

우리도 사랑할 수 있을까

리가 없으면 나도 불행해질 수밖에 없다. 대한민국 사회는 지금 그 대가를 치르고 있다. 이 상태가 더 악화되기 전에 어서 다른 길을 찾아야 한다.

덴마크는 그 다른 길을 모색하는 데 많은 시사점을 준다. 덴마크에 가면 눈이 즐겁다. 건축 디자인이 참 독특하고 아름답기 때문이다. 어떤 건물을 보면 눈뿐만이 아니라 머리도 즐겁다. 아름다운 건축에 철학까지 담겨 있기 때문이다.

코펜하겐의 신도시 외레스타(Ørestad)에 있는 대학생 기숙사 티트겐콜레기트(Tietgenkollegiet)가 그 대표적인 예다. 이곳엔 400여 명의 학생이 살고 있는데, 개인에게는 완벽한 자유를 주면서도 이웃공동체가 살아 숨 쉴 수 있도록 건물을 만들었다. 한마디로 자유와 연대의 조화를 느낄 수 있다.

처음 그 기숙사를 찾아갔을 때, 나는 멀리서도 그 건물을 한눈에 알아볼 수 있었다. 기숙사는 7층 높이인데 큼지막한 정원을 한가운데 두고 동그랗게 서 있었다. 유리창이 시원시원하게 박힌 회갈색 건물은 주변 운하의 초록 물빛과 어울려 자태를 뽐내고 있었다. 마치 축구 시합 전에 선수들이 어깨에 팔을 두르고 동그랗게 모여 즐겁게 잘해보자고 파이팅을 외치듯이 건물은 그렇게 서로의 손을 잡고 서 있었다.

안으로 들어가보니 감탄이 절로 나왔다. 축구장 절반 크기만 한 정원에 키 높은 나무들이 푸르름을 뿜어내고 있었다. 정원 한가운

대학생 기숙사 티트겐콜레기트. 개인에게는 완벽한 자유를 주면서도
이웃공동체가 살아 숨 쉴 수 있도록 건물을 만들었다.

데에서 빙 둘러보니 건축가가 왜 이렇게 동그랗게 만들었는지 단박에 이해가 갔다. 가운데가 뚫린 동그란 도넛 모양의 이 건물은 안쪽에서는 '우리'를, 바깥쪽에서는 '나'를 보장한다.

안쪽에서 보니 기숙사에 사는 400여 명의 학생들 모두 이 아름다운 정원의 주인이었다. 정원을 천천히 한 바퀴 돌며 건물을 바라보니 여기저기 사각형 모양으로 돌출된 곳들이 보였다. 이런 모양이 건물에 입체감을 더하고 있었다. 알고 보니 그렇게 돌출된 곳들은 공동 식당, 공동 거실, 공동 발코니 등 커뮤니티 공간이었다. 학생들은 누구나 이 공간을 이용하면서 아름다운 정원을 감상할 수 있다.

4층으로 올라가 한 식당에 들어가봤다. 안내하는 학생의 이야기를 들어보니 한 식당을 12명의 학생들이 함께 이용한다고 했다. 이 12명이 한 식구인 셈인데, 식구 구성을 할 때 서로가 서로를 배울 수 있도록 여러 대학, 여러 과 학생들을 섞고 다른 나라 학생도 포함시킨다. 이들은 이곳에서 일주일에 두 번 저녁 식사를 함께 해 먹는다. 이곳을 안내해준 학생이 말했다.

"여기 살면 개인이 자기 방에서 자유를 누릴 수 있으면서도 함께 밥을 해 먹으면서 다른 친구들을 사귀고 그들의 장점을 배울 수 있어서 좋아요. 이곳에서 알게 되어 벤처기업을 함께 만든 친구들도 있어요. 이 기숙사에 들어오고 싶어 하는 학생이 많아서 대기자가 줄을 서 있어요."

이 동그란 건물의 바깥쪽에는 '나'들을 위한 공간이 배치되어 있다. 커뮤니티 공간들이 정원을 바라본다면 400개의 원룸들은 건물 바깥쪽을 바라보는 것이다. 커뮤니티 공간에서는 다른 학생들이 지금 무엇을 하는지 훤히 알 수 있지만, 각자의 원룸에서는 나만의 시간을 만끽할 수 있다. 개인의 프라이버시와 자유가 완벽하게 보장되는 것이다. 티트겐콜레기트 기숙사는 이렇게 나와 우리를 조화시키고 있다.

한 대기업의 기부로 2001년에 만들어진 이 대학생 기숙사는 특정 대학 학생들을 위한 것이 아니다. 코펜하겐에 있는 어느 대학의 학생이든 지원이 가능하다. 최근 경쟁률은 10 대 1이 넘는다고 한다. 아름다운 새 건물인 데다 여기에 오면 좋은 친구들을 사귈 수 있다는 점이 매력적이기 때문이다.

"한 방이 비어 있는데 여러 명의 학생이 지원하면 어떤 기준으로 새 입주자를 선정하나요?"

"성적순도 아니고 나이순도 아닙니다. 자기소개서가 결정합니다. 자기소개서의 초점은 '내가 여기에 들어오면 다른 학생들에게 어떤 도움을 줄 수 있나'입니다. 심사자는 지원자가 이 공동체를 더 행복한 삶터로 만들기 위해 어떤 기여를 할 수 있는지를 봅니다. 그리고 기존 친구들의 추천서도 중요합니다. '내가 이 친구랑 지내봤는데 함께 있으면 정말 즐겁고 도움이 된다'는 것을 구체적 사례를 들어 추천해주면 입주자가 될 가능성이 높아지는 거죠."

입주자 선정 기준도 훌륭한 철학을 담고 있었다. 고개를 끄덕이며 식당 벽에 부착된 사진들을 살펴보니 어린아이들 사진이었다. 자세히 보니 한 식구가 된 학생들 12명의 어린 시절 사진이었다. 각 사진에는 이름과 생년월일이 적혀 있었다. 동심으로 돌아가 서로 친구가 되자는 마음, 그리고 너의 생일은 우리가 챙겨주겠다는 정겨움이 담겨 있었다.

식당 밖으로 나와 복도를 걷는데 복도의 끝이 없었다. 동그랗게 설계된 건물이기에 복도를 걷고 걸어도 막다른 벽은 만나지지 않았다. 그 복도는 '우리는 서로 연결되어 있다'는 것을 상징하고 있었다. 우리를 안내해준 학생의 방에 들어가보니 1인실 호텔방 같았다. 이곳에서는 누구의 방해도 받지 않고 개인의 자유를 완벽하게 누린다. 1층으로 내려와 개인 우편함들이 모여 있는 곳에도 가봤다. 노트북만 한 크기의 개인 우편함 색깔이 서로 달랐다. 그 색깔이 개인의 개성을 상징한다고 한다. '건축에도 철학을 담는다'는 말은 많이 들어봤지만, 여기 오니 정말 실감이 났다.

나와 우리, 자유와 연대의 조화라는 철학을 담은 이런 기숙사 건물은 어느 날 하늘에서 뚝 떨어진 것이 아니다. 덴마크 사회가 오랫동안 '사람은 어떻게 살아야 하는가'를 고민하면서 형성해온 철학, 그것을 반영한 삶의 문화와 이어진다.

나는 덴마크 친구의 장인 장모 댁 아파트에서 이틀을 신세 진 적이 있다. 코펜하겐 중심에 있는 이 아파트는 단독 건물인데 무려

120년이나 되었다고 한다. 그렇게 오래된 아파트인데도 아무 불편 없이 이틀을 편안하게 보냈다. 이 아파트에는 그리 크지 않은 정원이 있었는데 나는 가끔 이 정원에 나가 햇볕을 즐겼다. 그러면서 정원을 둘러싸고 다섯 개의 단독 아파트들이 모여 있다는 것을 알게 되었다. 어떤 아파트는 협동조합이 소유하고 있고, 어떤 아파트는 개인이 소유해 임대를 하는 등 다섯 개 아파트의 소유 구조와 주인이 달랐다. 그런데도 다섯 개의 아파트가 정원을 함께 쓰고 쓰레기 분리수거장도 공유하고 있었다. 친구의 설명을 들어보니 다섯 개 아파트가 협력해 오래전부터 그렇게 해왔다는 것이다. 바로 이런 협력과 나눔의 정신이 오래전부터 사회 속에 뿌리 내려 있으니 티트겐콜레기트 대학생 기숙사도 그런 철학을 가지고 만들어질 수 있었던 것이다.

랑에 엥(Lange Eng) 아파트공동체도 덴마크 사회가 어떻게 삶 속에서 자유와 연대를 조화시키는지를 보여준다. 코펜하겐 중심부에서 서쪽으로 약 20분 정도 차를 타고 가면 나오는 이 아파트공동체에는 54가구의 주민들이 살고 있다. 이 아파트는 3층 높이인데 앞의 대학 기숙사처럼 축구장 크기만 한 정원을 한가운데 두고 육각형으로 둥그렇게 건물이 배치되어 있다. 이곳 역시 어느 아파트에서 둘러봐도 정원 전체를 감상할 수 있다.

《우리도 행복할 수 있을까》에서 소개한 스반홀름(Svanholm) 공동체는 월급의 80퍼센트를 공동 소유로 내놓으며, 아파트도 개인의 소유가 아니다. 하지만 랑에 엥 아파트공동체는 54세대가 모두 아파트를 개인 재산으로 소유하면서도 이웃과의 어울림을 매우 중요하게 생각한다. 그래서 일주일에 무려 여섯 번이나 54세대가 저녁을 함께한다.

이곳에 사는 리네(Rine) 부부가 나를 식당으로 안내해줬다. 시간이 오후 5시쯤이라 몇 명의 주민이 한창 저녁 식사 준비에 분주했다. 식사 당번은 어떻게 정하는지 물어봤다. 주민들이 순번에 따라 하는데 두 달에 한 번꼴로 돌아온다고 했다.

"요리 솜씨가 좋은 사람이 저녁 식사 당번을 하면 그날은 맛있습니다. 그러나 솜씨가 서투른 사람이 하면 별로죠. 그래도 상관없습니다. 저녁 식사를 하면서 다양한 동네 사람들과 이야기를 나누는 시간이 참 소중해요. 개인 가정에서 매일매일 저녁 식사 준비를 하지 않아도 되니까 자기가 하고 싶은 일에 집중할 수 있는 점도 좋아요. 특히 아이들은 저녁 식사 전후로 정원에서 함께 뛰어놀기 때문에 친형제 이상으로 엄청 친해지죠."

일주일에 여섯 번이나 함께 저녁 식사를 하면 개인 시간이 줄어들지 않을까? 그래서 이 공동체는 규칙을 만들었단다. 만약 자기 식구들끼리 조용히 집에서 식사를 하고 싶다면 전체 식사 시간 10분 전에 와서 테이크아웃을 해 가면 된다. 이웃공동체를 중시하지만 그것 때문에 개인의 자유를 침해하지는 않겠다는 뜻이다.

리네 부부는 공동 공구보관소도 보여주었다. 그곳에 들어가니 드라이버, 펜치, 톱, 드릴, 전깃줄, 콘센트 등 집수리 상가에 있을 법한 도구들이 다 갖추어져 있었다. 이런 도구들을 각 가정이 개별적으로 가지고 있을 필요 없이 언제든 이 공동 보관소의 것을 이용하면 된다. 연장을 함께 쓰는 공동체, 절로 고개가 끄덕거려졌다.

리네 부부는 최근에 이곳으로 이사를 왔다. 덴마크 사회 자체가 공동체 정신을 강조하고 그 토대 위에서 움직이고 있지만, 굳이 일주일에 여섯 번이나 함께 저녁 식사를 하는 공동체로 이사 온 이유는 무엇일까? 리네는 한 살이 채 안 된 갓난아기를 안고 말했다.

"우린 끈적끈적한 이웃 관계 속에서 살고 싶었어요. 그것이 나중에 우리 아이를 키우는 데도 아주 좋다고 생각했거든요. 저기 정원에서 뛰어노는 아이들을 보세요. 이곳은 부모가 아이를 키우는 게 아니라 동네가 키워요."

아, 우리도 그랬는데, 내 고향도 그랬는데. 나는 이 부부의 말을 들으며 어린 시절의 장면들을 떠올렸다.

"이사 온 첫날 우리는 이곳의 이웃 관계가 정말 살아 있다는 걸 느꼈어요. 그날 이사를 하고 있는데 한 동네 분이 장미 한 송이를 들고 와서 인사를 하며 이렇게 말하는 거예요. '제가 이 동네에서 오래 살았는데 앞으로 제대로 정착할 때까지 여러분 가정의 멘토가 되어드리겠습니다.' 실제로 그분이 일주일에 두세 번씩 우리 집에 들러 공동체 생활의 방법과 근처 환경 등에 대해 많은 도움을 주셨어요."

이 아파트공동체는 새 가정이 이사를 오면 그곳에 오래 살고 있던 가정이 멘토가 되어주는 문화를 오래전부터 간직하고 있었다. 아름다운 이웃 간의 정이다. 대한민국 서울에서는 아파트에 이사 왔을 때 맞이해주는 사람이 관리실 경비원밖에 없다. 나는 지금까지 몇 번이나 이 아파트 저 아파트로 이사했지만 단 한 번도 주민으로부터 이런 인사를 받은 적이 없다.

"잘 오셨습니다. 우리 아파트 참 살 만합니다. 처음이라 불편한 점이 있으면 저한테 이야기하세요. 제가 이 동네에서 꽤 오래 살아서 웬만한 건 다 압니다."

나 또한 우리 아파트에 누가 새로 이사 오면 다가가 말 붙일 생각을 못했다. 멘토가 되어줄 생각은 더더욱 못했다. 왜 우리는 지금 이렇게 살고 있을까? 예전 내 고향에는 덴마크의 랑에 엥 아파트공동체보다 더 끈끈한 공동체가 있었는데 말이다. 우리는 왜 그 소중했던 공동체 문화를 쓸데없는 것처럼 취급했을까? 가난을 극복한다는 이유로 왜 그런 것까지 없애버렸을까? 우리는 어떤 철학을 가지고 있었기에 밥벌이와 공동체를 바꿔먹었을까? 우리는 어디서부터 다시 시작해야 할까?

행복하려거든 사랑할 것

인간은 누구나 행복을 원한다. 대한민국 사람들도, 덴마크 사람들도 모두 행복하게 살고 싶어 한다. 그렇다면 행복하게 살기 위해서는 무엇을 해야 할까?

이 질문에 대한 답변은 두 나라가 다르다.

대한민국 사람은 대부분 이렇게 답한다.

"내가 행복하려면 내가 잘되어야 한다."

그래서 내가 잘되기 위해 열심히 공부하고 열심히 일한다. 학교에서든 사회에서든 10퍼센트 안에 들어야 조금은 안심이 된다. 관심은 나에게로만 집중된다. 10퍼센트 안에 들지 못한 나머지 90퍼센트가 어떤 상태에 있는지 마음 둘 여유가 없다.

나를 사랑하는 데 집중하지만, 내가 10퍼센트 안에 들게 되어도 상대적 박탈감은 여전하다. 또다시 내가 잘되기 위해, 5퍼센트 안에 들기 위해, 1퍼센트 안에 들기 위해 끊임없이 노력한다. 내가 잘되어야 내 인생이 행복할 수 있다고 믿기 때문이다.

반면 덴마크 사람은 대부분 이렇게 답한다.

"내가 행복하려면 우리가 행복해야 한다."

내가 잘되는 것은 절반의 행복일 뿐이고, 우리가 잘되어야 진정한 행복을 누릴 수 있다고 생각한다. 설사 내가 10퍼센트 안에 들었다 하더라도 끊임없이 나머지 90퍼센트가 어떤 상태인지를 살핀다. 그 90퍼센트가 즐거운 상태에 있어야 나도 즐거울 수 있다고 생각한다. 그래서 실천을 한다. 바로 사랑이다. '네 이웃을 네 몸처럼 사랑하라'는 예수의 가르침을 실천한다. 나도 우리도 행복하기 위해서 사랑을 실천한다.

나는 《우리도 행복할 수 있을까》에서 덴마크를 행복지수 1위의 나라로 이끈 지도자 그룬트비(Nikolai Grundtvig, 1783~1872)의 생애를 다루면서 제목을 이렇게 달았다. '행복하려거든 사랑하라.' 그 일부를 여기에 옮겨본다.

그룬트비는 많은 것을 사랑했다. 기독교 신자로서 목회자로서 하느님을 사랑했다. 민족주의자, 애국주의자로서 덴마크 민족과 나라를 사랑했다. 교육자로서 시민을 사랑했다. 자유주의자로서 금기에 도전하는 것을 사랑했다. 시인으로서 시와 노래를 사랑했다. 감수성이 풍부한 남자로서 여인을 사랑했다.

— 오연호, 《우리도 행복할 수 있을까》

그룬트비는 나를 사랑하고, 이웃을 사랑하고, 조국을 사랑했다. 그래서 행복한 인생을 살았다. 89세까지 천수를 다한 그의 인생은 '행복하려거든 사랑하라'라는 한마디로 표현할 수 있다. 우리가 행복하기 위해 사랑을 실천하고 싶다면 어디서부터 어떻게 시작해야 할까?

첫 출발은 자기 자신에 대한 사랑에서부터 시작한다. 10퍼센트 안에 들지 않아도 주눅 들지 않고, 있는 그대로의 나를 사랑해주는 것이다. 자기를 폄훼하지 않는 것이다. 안데르센의 동화 〈미운 오리 새끼〉의 주인공은 자신이 사실은 백조인데도 못생기고 잘난 구석이 하나도 없는 미운 오리 새끼라고 끊임없이 자학한다. 이 자학의 굴레로부터 벗어나는 것이 자기애의 시작이다. 기독교적으로 본다면, 이 세상의 모든 개인은 '하나님의 형상대로' 이 땅에 태어났다. 그만큼 고귀하고 존엄하다. 대한민국 헌법 10조에 "모든 국민은 인간으로서의 존엄과 가치를 가지며, 행복을 추구할 권리를 가진다"고 정확히 나와 있다.

1단계로 자기 자신에 대한 사랑을 장착하게 되면, 2단계의 사랑으로 옮겨갈 수 있다. 바로 이웃에 대한 사랑이다. 혹자는 이렇게 말할 수도 있다. "나를 사랑하기도 버거운데 어떻게 내 이웃에 대한 사랑까지 이어갈 에너지가 생기겠는가. 그래서 나는 나 자신을 사랑하는 데 집중하고 싶다"고 말이다. 하지만 나만 사랑하고 우리를 사랑하지 않는다면 진정으로 나를 사랑할 수 없다. 개인적인 '나'도 있지만 우리 속에 있는 '나'도 있다. 이것을 분리해서 생각할 수 없다. '내가 행복하려면 우리가 행복해야 한다'를 다른 말로 표현하면 '나를 사랑하려면 우리를 사랑해야 한다'고 할 수 있다.

예를 들어보자. 나를 사랑하는 일 가운데 하나를 꼽자면 내가 무엇을 좋아하는지 발견하는 것이다. 하지만 그것은 나 자신만을 파헤친다고 해서 발견되지 않는다. 모든 일은 관계 속에서 이뤄진다. 특히 밥벌이가 되는 모든 일은 나와 우리의 관계 속에서 발생한다. 본인이 본인에게 돈을 지불하는 일은 없으니까. 그러므로 내가 무엇을 좋아하는지를 발견하는 일은 곧 우리 속으로 들어가는 것이다. 이웃 속으로 들어가 관심을 갖는 것이다. 이 관심의 강도가 클수록, 사랑이 뜨거울수록 내가 좋아하는 일을 발견하기가 쉬워진다. 이렇듯 이웃에 대한 사랑을 기반으로 이타적인 사랑을 경험해야 내가 좋아하는 일을 발견할 수 있고, 또한 그것이 지속성을 띨 수 있다.

의사가 되고 싶어 하는 학생이 둘 있다고 가정해보자. 한 명은 나에 대한 사랑만을 기반으로 의사가 되고 싶어 한다. '의사가 되면 사회적으로도 인정받고 월급도 많으니 한번 도전을 해보자. 내

가 의사가 되면 우리 부모님도 선생님도 친척들도 나를 인정해주 겠지.'

또 한 명은 나에 대한 사랑과 함께 이웃에 대한 사랑까지 실천하 는 의사가 되고 싶어 한다. '이 세상에는 가난하고 아픈 사람들이 왜 이렇게 많을까. 그들을 외면하고 돈만 밝히는 의사는 왜 또 그 리 많을까. 그러니 내가 참된 의사가 되어 세상을 바꿔보고 싶다.'

이 둘 가운데 누가 의사가 되는 어려운 관문을 끝까지 통과할 만 한 지구력을 가지고 있을까? 당연히 후자다. 전자처럼 나에 대한 사랑만 가득한 채 왜 의사가 되어야 하는지에 대한 고민을 '우리' 속에서 찾지 않으면, 이타적 사랑이 없기 때문에 조금만 힘든 상황 이 와도 쉽게 포기한다. 이런 부류는 의사가 된다 하더라도 별로 행복하지 않을 가능성이 크다. 이타적 사랑이 없으면 좁은 진료실 에서 환자를 보는 일이 얼마나 따분하겠는가.

그러기에 나를 사랑하려면 우리를 사랑해야 한다. 내가 행복하 려면 우리가 행복해야 하듯이. 이웃에 대한 사랑, 즉 이타적 사랑 은 나만 손해 보는 행위가 아니다. 나에게도 이득이 된다. 덴마크 가 행복지수 1위의 나라가 된 것은 이 선순환이 가능하다는 것을 사회 속에서 입증했기 때문이고 또한 문화가 되었기 때문이다. 그 래서 부자들은 수입의 50퍼센트 이상을 기꺼이 세금으로 내면서도 이를 당연하게 여긴다.

"내 세금이 가난한 사람을 위해 쓰이는 것이 기쁘다. 가난한 사

우리도 사랑할 수 있을까

람이 복지 혜택을 누리면서 생활고의 고통에서 해방되어야 그가 안정되고 사회도 안정된다. 그래야 나도 범죄나 불안을 걱정하지 않고 내 삶을 즐길 수 있다."

'내가 행복하려면 우리가 행복해야 한다'는 철학이 구현되는 사회는 왕따라든가 학교 폭력이 없다. 그 혜택을 모두가 함께 누린다. 부자 학부모나 가난한 학부모나 모두, 우리 아이가 학교에 가서 왕따를 당하지 않을지, 학교 폭력의 희생자가 되지는 않을지 더 이상 걱정하지 않는다.

못난 철학을 버려야 할 때

여기 한 원로 교육학자가 있다. 정범모(1925~) 교수. 그의 삶은 대한민국 교육의 역사를 상징한다. 그가 서울대학교에서 교육학 학사를 시작한 1945년은 우리나라가 일제로부터 해방되던 해였다. 그는 대한민국의 교육계를 이끌어온 주류들이 그렇듯이 미국 시카고 대학에서 석·박사 학위를 받았다. 그런 다음 모교인 서울대에서 사범대학 교수와 학장을 맡으면서 이 땅의 수많은 교사들을 길러냈다. 이후 한림대로 자리를 옮겨 1996년까지 교수와 총장을 지냈고, 지금은 이 대학의 명예 석좌교수다. 그의 교육 인생 50년은 한국교육 현대사 50년이기도 하다.

그 정범모 교수가 《다시 생각해야 할 한국교육의 신화》라는 책을 썼다. 그는 머리말에서 이 책은 "나 자신의 반성 또한 요구하는 자성의 참회록"이라고 밝혔다. 그리고 그동안의 한국교육을 "무철학의 행진"이라고 극언했다.

그렇다면 우리의 교육은 어떤 철학이 필요할까. 정 교수는 '나' 아닌 '남'에 대한 배려, 현실적인 욕심이 아니라 공공의 가치에 대한 추구가 있을 때 "교육은 철학 있는 행진이 될 것"이라고 했다. 그런데 그러한 철학이 한국교육에 없다는 것이다.

한국교육의 현실에는 교육목적이 없다. 교육의 이념과 철학도 없다. 문서상으로나 이론적 표방으로는 목적·이념·철학이 무성해도 실제 교육현장엔 없다. 교육현장에 있는 것은 이른바 입시준비교육의 회오리뿐이다. 입시교육의 회오리는 괴력을 가지고 있다. 그 속에서는 모든 교육이념·교육철학이 힘없이 무너지고 무산된다. 필답고사의 점수 따기 경쟁만 회오리치고, 민주교육·민족교육·도의교육 또는 인성교육·창의력교육 등 이때 저때 내거는 이념적 구호는 허공의 메아리로 온데간데없다. 가히 학교교육은 '무철학의 행진'이다.

— 정범모, 《다시 생각해야 할 한국교육의 신화》

나의 성공, 나의 행복은 챙겼지만 우리의 성공, 우리의 행복은 챙기지 못했다는 절절한 반성이다. 나에 대한 사랑은 있었지만 우리에 대한 사랑은 없었다는 이야기이기도 하다.

그렇다면 왜 우리는 우리를 챙기지 못했을까? 우리에 대한 사랑 없이는 나에 대한 사랑도 부실할 수밖에 없는데, 우리가 행복하지 못하면 결국 나도 행복할 수 없는데, 왜 우리는 우리에 대한 사랑을 실천하지 못했을까?

《우리도 행복할 수 있을까》를 함께 읽고 원로 목사들과 조찬 토론을 한 적이 있다. 여러 교파에서 모인 20여 명의 목사들은 저마다 반성문을 쏟아냈다.

"교회가 골목마다 있는 나라에서, 네 이웃을 네 몸처럼 사랑하라는 예수의 가르침을 전하는 교회가 이렇게 많은 나라에서 헬조선이라는 말이 횡행하고 있으니 목사의 한 사람으로서 참으로 부끄럽습니다."

원로 교육학자도, 원로 목사도 그동안 우리가 잘못된 길로 걸어왔음을 한탄한다. 무엇이 부족했기에 이 지경에 이르렀을까? 곰곰이 생각해보면 우리는 어떻게 하면 행복할 수 있는지, 어떻게 하면 사랑할 수 있는지 모르는 것이 아니다. 대한민국 헌법은 물론 도덕 교과서에도, 교장 선생님의 훈화에도, 목사님의 설교에도 만인이 평등하고, 직업에는 귀천이 없고, 이웃을 서로 사랑해야 한다는 말이 넘쳐난다. 그러나 실천이 부족하다. 모르는 게 아니라 알면서도 실천하지 않은 것이다. 사랑에 대해 말했으나 사랑을 실천하지 않았다. 그래서 지금 그 대가를 치르고 있다. 이제는 실천해야 한다.

혁신학교는 그런 반성에서 만들어지기 시작했다. 학교에서 교실에서 '스스로, 더불어, 즐겁게'라는 철학을 제대로 실천해보자는 것이 혁신학교다. '나만 사랑하지 말고 우리도 사랑하자. 그래야 진짜로 나를 사랑하는 것이다.' '내가 행복하려면 우리가 행복해야 한다. 그래야 진짜로 나도 행복해진다.' 이런 사고방식을 학생 때부터 체험해야 어른이 되어서도 사회 속에서 실천할 수 있고, 그래야 사회도 행복해진다는 것이 혁신학교 확산운동의 핵심 취지다.

2009년 경기도교육청에서 시작된 혁신학교 운동은 전국으로 번졌고, 지금까지 상당히 많은 성과를 가져왔다. 그동안 이 운동에 참여한 교사와 학부모와 학생 덕분에 교육 현장은 혁신학교뿐 아니라 그 영향을 받은 일반 학교에까지 적지 않은 변화가 있었다. 그러나 여전히 한계가 있다. 2017년 기준 혁신학교 현황을 보면 전국적으로 초등학교가 13.2퍼센트, 중학교가 12.8퍼센트지만 고등학교는 5.9퍼센트에 그친다. '스스로, 더불어, 즐겁게'는 초등학교와 중학교 때까지만 가능하다는 이야기인가? 초등학교와 중학교 때 혁신학교에서 배운 철학이 고등학교 때 통하지 않고 사회에 나가서도 통하지 않는다면 이것은 무엇을 위한 혁신학교인가?

서울에서 오랫동안 혁신학교 운동에 헌신해온 한 초등학교 선생님을 만났다. 그는 서울 혁신학교 운동의 산증인이라고 불려도 좋을 만큼 그 분야에서 여러 가지 경험을 했다. 의욕을 가진 혁신학교 선생님들이 일을 하다가 지치면 그를 만나 상담을 받고 나서 다시 기운을 얻는다고 할 정도로 그는 정열적으로 일해왔다. 얼마 전 그를 만났더니 "오후 2시 30분이 되면 자괴감이 든다"고 말했다.

"우리 혁신학교는 인기가 참 좋습니다. 심지어 이 주변 아파트 가격이 혁신학교가 있기 때문에 다른 데보다 비싸다는 이야기도 있어요. 우리는 학생들에게 '스스로, 더불어, 즐겁게'라는 정신을 심어주기 위해 애씁니다. 실제로 옛날에 학교 다녔던 사람들이 보면 깜짝 놀랄 정도로 혁신학교의 교육 방식이 다릅니다.

그런데 그게 딱 학교 수업이 끝나는 2시 30분까지예요. 그 시간이 되면 학교 담벼락을 노란 학원 버스들이 포위합니다. 우리 학교 학생의 약 80퍼센트가 그 버스를 타고 학원에 갑니다. 아이들은 학원에 가면 오후 2시 30분 이전과는 전혀 다른 교육을 받습니다. '스스로'가 아닌 '주입식'으로, '더불어'가 아닌 '어떻게 하면 내가 친구를 제치고 1등 할 것인가'를, '즐겁게'가 아닌 '엄마가 가라고 했으니까 억지로' 하는 거죠. 우리 혁신학교에는 시험도 없고 등급도 없는데 학원에서는 매일 시험을 보고 그 시험에 따라 등급별 수업을 합니다. 우리가 2시 30분까지 했던 교육은 무엇이 되겠습니까? 그러니 2시 30분이 되면 자괴감을 느끼지 않을 수 없죠."

참 가슴 아픈 이야기다. 이게 우리의 적나라한 현주소다. 같은 학생이 2시 30분을 전후로 전혀 다른 세계를 경험한다. 전혀 다른 가치관을 배운다. 아이를 혁신학교에 보내는 부모와 학원에 보내는 부모는 같다. 혁신과 변화를 지향하고 있지만 아직은 과도기의 긴 터널을 지나고 있다.

왜 아이를 혁신학교에 보내는가? 내 아이가 행복하기 위해서다. 여기까지는 명확하다. 그럼 내 아이의 행복을 위해서는 어떻게 해야 하나? 2단계가 필요하다. 남의 집 아이들도 행복해야 한다. 그 반 아이들 모두가 행복해야 한다. 또 이를 위해 실천해야 한다. 내 아이에 대한 사랑이 다른 아이들에 대한 사랑으로 이어져야 한다.

우리는 아직 이 2단계를 제대로 실천하지 못하고 있다. 그 대가는 심각하다. 내 아이가 1등을 하더라도 여전히 불안하다. 1등을 놓칠까 봐 불안하고, 왕따가 될까 봐 불안하고, 학교 폭력의 희생양이 될까 봐 불안하고, 초등학교 때까지는 표정이 밝은데 중학생이 되어서 주눅이 들까 봐 불안하다. 그뿐인가? 2단계에 대한 실천이 없으면 자식을 둔 부모는 끝없는 불안이라는 대가를 치러야 한다. 고등학교 때는 이른바 좋은 대학에 못 갈까 봐 불안하고, 대학에 가서는 좋은 곳에 취업하지 못할까 봐 불안하고, 회사에서는 승진이 늦을까 봐 불안하고…….

우리를 사랑하지 못한 대가는 우리 모두의 끝없는 경쟁과 끝없는 불안으로 나타난다. 대한민국 중고등학생의 90퍼센트가 "대한민국은 헬조선이 맞다"고 답하는 현실이 그것을 말해준다. 어디서부터 다시 시작해야 할까? 정말 우리도 사랑할 수 있을까?

부산의 한 초등학교 학부모들은 3년 전 《우리도 행복할 수 있을까》를 읽고 모임을 결성했다. 우리 아이들도 덴마크 아이들처럼 행복한 인생을 누리게 해보자는 취지였다. '꿈틀세상'이라는 이 모임의 목표는 지금 초등학생인 아이들의 밝고 명랑한 표정을 고3 때까지, 사회인이 될 때까지 유지시키는 것이다. 초등학생 때는 밝고 명랑하다가 중학생이 되면 표정이 어두워지고 고등학생이 되면 입까지 다물게 되는 대한민국 아이들의 안타까운 전철을 더 이상 따르지 말자는 것이다. 그래서 이 학부모들은 아이들에게 나를 사랑하고 우리를 사랑하는 방법을, 나도 행복하고 우리도 행복할 수 있는 방법을 배우게 한다. 이 아이들은 방과 후에 학원에 가는 대신 숲속 놀이터에서 만나 '스스로, 더불어, 즐겁게'라는 철학을 체험한다.

이 학부모들이라고 어찌 마음 한편에 불안감이 없겠는가? 이 '꿈틀세상' 모임의 한 엄마는 가끔 내게 휴대전화 메신저로 아이들 소식을 전해준다. 공감해주는 누군가가 필요해서일 것이다. 한번은 아이들이 학부모들과 함께 등산하는 사진 몇 장을 보내왔다. 아이들과 어른들의 표정이 밝아서 참 좋았다. 사진을 감상하다가 이 엄마의 카톡 프로필을 보게 되었는데 이런 시가 적혀 있었다.

도둑이나 사기꾼보다
수천수만 배 더 나쁜 게 있다면
가난한 이들과 땀 흘려 일하고
정직하게 살라 가르치지 않고

공부 열심히 해서 편안하게 살라고

가르치는 것이다. 아이들한테

　　　　　　—서정홍, 〈못난이 철학 1〉, 《못난 꿈이 한데 모여》

　나는 이 시를 읽고 또 읽었다. 농부 시인 서정홍의 〈못난이 철학
1〉이라는 시다. 그렇다. 우리는 해방 이후 지난 70년 동안 교육이
라는 이름으로 이 '못난이 철학'을 아이들에게 가르쳐왔다. 공부
열심히 해서 너 편안하게 살라고.

　이 못난 철학을 이제는 버려야 한다. 원로 교육학자 정범모 교수
의 반성은 바로 이 못난 철학을 우리가 아이들에게 교육했다는 데
서 비롯된다. 원로 목사들이 쏟아낸 반성은 그동안 대한민국 교회
가 이 못난 철학과 타협하거나 때로는 고무·찬양했다는 이야기다.

　철학을 바꿔야 한다. 그리고 실천해야 한다. 내가 편하려면 우리
가 편해야 한다. 내가 행복하려면 우리가 행복해야 한다. 이것이
우리 사회의 가치이자 문화가 되어야 한다. 그래야 우리가 우리 모
두의 끝없는 불안에서 해방될 수 있다. 늦기 전에 실천해야 한다.
나만 사랑하지 말고 우리를 사랑해야 한다. 내 아이만 사랑할 게
아니라 다른 아이들도 사랑해야 한다. 오늘도 나에게 묻는다. 우리
에게 묻는다.

　우리도 사랑할 수 있을까?

세상에 맞서는 용기

"우리 집 아이가 좀 당당해졌으면 좋겠어요. 자기가 원하는 대학에 합격해 다니고 있는데도 표정이 밝지 않아요. 늘 불안해하고 주눅 들어 있어요. 어떻게 해야 할까요?"

내가 인생 상담사도 아닌데 강연장에서 이렇게 질문하는 학부모들이 있다. 얼마나 걱정되면 그럴까? 나는 때로 이렇게 답한다.

"세상의 눈치를 보니까 불안한 겁니다. 세상의 눈치를 볼 것이 아니라 세상과 대결해야 하지 않겠습니까? 그런 마음을 키워나가야 합니다."

답은 했지만 너무 당위적인 말이라 좀 공허하게 들린다.

대한민국의 청년들은 지금 주눅 들어 있다. 3포세대니 5포세대니 하는 말은 그래서 나왔을 것이다. 하지만 대한민국의 모든 청년들이 주눅 들어 있는 것은 아니다. 어떤 청년들은 당당히 세상과 맞서고 있다. 지금부터 그들의 이야기를 해보려고 한다.

이 불안한 세상에서 어떤 청년이 당당하게 살 수 있을까? 대한민국은 10퍼센트만 승자가 되는 사회라고들 말하니 그 안에 들어간 청년들은 좀 덜 불안하게 살 수도 있을 것이다. 예를 들어 대기업에 정규직으로 들어간 청년은 10퍼센트 안에 든다고 볼 수 있으니 덜 불안할지도 모른다. 그런데 내가 만난 청년들 중에는 대기업 정규직도 아니고, 월급이 많은 것도 아니고, 부잣집 자식도 아닌데 당당하게 살아가는 이들이 있었다.

춘천에서 만난 한 청년도 그랬다. 강연을 하러 춘천에 갔는데 너무 일찍 도착하는 바람에 카페에 들렀다. 입구에 '인문학카페 36.5°'라는 간판이 있어 호기심이 일었는데, 카페가 있는 2층으로 오르는 계단에도 이런저런 메시지가 적혀 있었다.

문을 열자 카페 주인이 반갑게 맞아줬다. 오전이어서 그런지 내가 첫 손님인 듯했다. 주인은 20대였는데 커피를 마시면서 말을 붙여보니 나와도 간접적인 인연이 있었다. 그는 〈오마이뉴스〉에 몇 번 글을 쓴 적이 있는 시민기자였다. 참 반가웠다. '모든 시민은 기자다'가 〈오마이뉴스〉의 모토인지라 8만여 명의 시민기자들이 전국 곳곳에 있지만 이런 공간에서 만나면 얼마나 반가운지. 게다가 그는 더 반가운 이야기를 건넸다.

"오늘 강연하러 오셨죠? 그 소식을 듣고 저도 꼭 가고 싶었는데 카페를 지켜야 해서 서운해하고 있던 참이었어요."

그런 말을 들으니 마음이 한결 더 편안해졌다. 나는 그 청년에게 어떻게 해서 이런 인문학 카페를 열게 되었는지 물어봤다.

"춘천에 서점들이 사라지고 있어요. 서점들이 다 술집으로 바뀌고 있죠. 책을 읽지 않는 도시, 생각하지 않는 도시는 망하게 되어 있잖아요. 그래서 뜻이 맞는 친구 몇몇이 협동조합 방식으로 이 인문학 카페를 열었어요."

청년의 말을 듣고 주변을 살펴보니 벽 여기저기에 이 카페의 철학을 담은 글귀들이 A4 용지 크기로 붙어 있었다.

대학가에 서점이 없다.

영어나 자격 공부 외에도 우리는 배울 게 너무나 많다.

사랑, 삶, 관계, 사회, 역사, 예술, 그리고 나 자신.

한 달 뒤면 한 살 더 먹는다.

늦기 전에 공부하자.

이곳이 바로 서점이고 친구고 멘토이자 대학이다.

이 글귀는 카페를 오픈한 2013년 12월 12일에 쓴 것이었다. 나는 이 청년이 참으로 대견하게 느껴졌다. 특히 내가 그때 관심을 가졌던 협동조합 방식으로 청년들이 뭔가 일을 저지르고 있다니

더욱 기뻤다. 말이 쉽지 그걸 실천하기란 얼마나 어려운가.

　나는 이 청년에게 칭찬과 격려를 건네면서 이야기를 계속했다. 그는 표정이 밝고 명랑했다. 그런데 나는 슬슬 걱정이 되었다. 1시간 정도 그곳에 앉아 있었는데 손님이 나밖에 없었다. 나는 세상을 좀 더 살아본 사람으로서 이 청년의 밥벌이를 걱정하기 시작했다. 하루에 손님이 몇 명이나 올까? 이래가지고 월급이나 제대로 가져갈 수 있을까? 사업을 의미 있게 하는 것도 좋지만 밥벌이도 되어야 할 텐데, 그래야 의미도 제대로 발휘될 수 있을 텐데. 나는 그에게 직접적으로 이런 노골적인 이야기는 하지 않았다. 하지만 그는 내 눈빛과 말을 통해 내가 대화를 시작할 때와는 달리 점점 그의 밥벌이를 걱정하고 있다는 것을 충분히 알아챘을 것이다.

　강연 시간이 다가와 나는 자리에서 일어났다. 그 청년과 작별 인사를 하고 돌아서는데 출입문 옆에 붙어 있는 글귀가 눈에 들어왔다. 맨 마지막에 빨간 글씨로 '출입 금지'라고 큼지막하게 적혀 있어 문을 열다 말고 호기심에 읽어봤다. 거기엔 이렇게 쓰여 있었다.

돈을 중심으로 세상을 바라보는 사람은
정교한 건물이나 예술작품을 보아도 값어치만을 생각한다.
무심히 지나치는 건물과 작품에 깃들어진
누군가의 땀과 인생은 생각할 수 없다.
당신은 무엇을 바라보는가.

누군가의 꿈을 듣고 밥 벌어먹겠냐는 말이 먼저 나오는 사람은
출입 금지다.

방금 전까지 이래가지고 밥 벌어먹고 살까를 걱정했던 나는 뒤
통수를 망치로 한 대 얻어맞은 기분이었다. 나는 출입 금지 대상이
었다. 진작에 이걸 볼걸! 들어올 때 봤어야 하는데 나갈 때에야 보
았다. 그 청년에게 미안했다.

그날 저녁, 강연을 마치고 서울로 돌아와서도 그 카페에서 본 글
귀가 내 머릿속을 떠나지 않았다. 나의 청년 시절이 떠올랐다. 대
학의 전공을 선택할 때 내가 국문과를 가겠다고 하자 어른들은 말
했다.

"국문과는 가난하고 굶는 과라는데 그런 공부해서 밥 벌어먹고
살겠느냐."

나는 그 말을 얼마나 듣기 싫어했던가. 어른들은 소설가가 되어
보겠다는 나의 꿈이 얼마나 소중한지는 전혀 고려하지 않고 말 화
살을 내게 쏘아댔다. 나의 첫 직장은 재야 월간지 〈말〉이었다. 직원
이 10명뿐이고 월급은 교사 초봉의 절반밖에 안 되는 곳에서 일한
다고 했을 때, 명절에 만난 어른들은 또 얼마나 나의 밥벌이를 걱
정했던가. 나는 그것이 또 얼마나 싫었던가.

그때 나는 나의 밥벌이를 걱정하는 어른들을 싫어했을 뿐 뭐
라고 대응하지 않았다. 그냥 웃어넘길 뿐이었다. 그에 비하면 이

춘천 카페의 청년은 용감했다. 내가 청년일 때보다 더 당당했다. 2017년 여름을 끝으로 춘천 인문학카페36.5°는 문을 닫았다. 하지만 이는 끝이 아닌 또 다른 시작인 것 같다. 경북 포항으로 자리를 옮긴 청년은 자신의 철학을 담아 새로운 모임을 꾸려가고 있다. 다시 한번 그 청년에게 마음의 박수를 보낸다.

대한민국이 행복사회가 되고, 우리가 행복한 인생을 살려면 인사말을 바꿔야 한다. 그래야 개인도 행복해지고 사회의 표정도 밝아진다. 자기가 사랑하는 일을 해야 창조경제도 가능하고 국가경쟁력도 생긴다. '그걸로 밥벌이가 되십니까'라는 인사말은 이렇게 바꿔야 한다.

당신은 지금 무엇 때문에 가슴이 설렙니까? 어떤 사랑을 가꾸느라 가슴이 뜁니까?

사랑이 밥 먹여준다

충청남도 홍성에서도 당당한 청년을 만났다. 그는 홍성에서 고등학교를 나와 서울의 한 대학에 입학했다. 대학 2학년 때 군대를 갔고, 제대를 한 뒤 복학하지 않고 학교를 그만두고는 고향으로 내려왔다. 서울에 있는 대학에 입성하기가 얼마나 어려운데 그는 왜 이런 결정을 내렸을까?

"대학이 이런 곳이구나, 대학에서 이 정도를 배울 수 있구나 하는 걸 경험하는 데는 2년이면 족했습니다. 대학을 더 다니는 것이 무의미하게 생각되더군요. 고향에 내려와서 제가 하고 싶은 것을 하고 싶었습니다."

다행히 고향은 그가 하고 싶은 일을 할 수 있는 곳이었다. 홍성은 1958년에 만들어진 풀무농업고등기술학교가 씨앗을 뿌려온 덕분에 이런저런 마을공동체가 자리 잡고 있다. 이 청년은 그런 공동체 중 하나인 빵가게에서 일하고 있다. 이곳은 협동조합으로 만들어졌는데 유기농 빵을 생산하고 빵카페를 운영하고 있다. 월급은 많지 않지만 그는 이곳에서 일하는 것을 즐기고 있다고 했다.

그를 처음 만난 곳은 홍성의 한 강연장에서였다. 그는 맨 앞자리에 앉아 눈을 반짝이며 강연을 들었는데 표정이 참 밝았다. 나중에 말을 나눠보니 스물다섯 살인 그는 벌써 결혼을 했단다.

"빵가게에서 함께 일하는 동료였는데 그도 이 일을 좋아했습니다. 서로 같은 일을 좋아하다 보니 마음이 맞았습니다. 그래서 결혼까지 하게 된 거죠."

최근 나 혼자 살기도 힘든 세상이라면서 결혼을 포기하는 청년들이 늘고 있어 남성 평균 결혼 연령이 35세 안팎이라고 한다. 이 청년은 스물다섯밖에 안 되었고 소득도 많지 않은데 어떻게 결혼을 결심할 수 있었을까?

더 이야기를 나눠보니 이 청년은 세상을 만만하게 보고 있었다. 세상의 눈치를 보지 않고 세상과 대결해 세상을 자기 것으로 만들고 있었다. 그렇다면 세상을 만만하게 보는 힘은 어디에서 나올까? 그는 자기를 사랑하고 있었다. 세상이 만들어놓은 틀에 굴복해 주눅 들지 않고 지금의 나를, 내 안에 있는 또 다른 나의 가능성을 사랑하고 있었다. 그는 10퍼센트 안에 들어야 성공한다는 세상의 틀을 거부하고 있었다. 10퍼센트 안에 들지 않아도, 90퍼센트 안에 들어도, 자기를 사랑하고 자기 일을 사랑하면 충분히 행복할 수 있다고 믿고 있었다.

인문학 카페를 운영하던 춘천의 20대 청년과 협동조합 빵카페에서 좋아하는 일을 시작한 홍성의 20대 청년. 이들은 세상에 주눅 들지 않고 세상과 대결하면서 세상을 새롭게 만들어갈 힘을 어디에서 얻었을까? 세상을 만만하게 볼 정도로 지금의 나를 사랑할 수 있는 힘은 어디에서 얻었을까? 이들의 성장 배경에는 무엇이 있었을까?

이 청년들은 자기주도적 인생을 살고 있다. 자기주도적 학습에 그치지 않고 자기주도적 인생으로 이어가고 있는 것이다. 내가 강연을 하러 다니면서 만난 자기주도적 인생을 살고 있는 이들의 성장 배경에는 적어도 다음 두 가지의 공통점이 있다.

첫째, 세상의 눈치를 보기 이전에 가정에서 부모의 눈치로부터 자유롭다. 그들의 부모는 이렇게 말하지 않았다.

"너는 10퍼센트 안에 들어야 해. 그래야 이 험한 세상에서 밥 먹고 살 수 있어."

대신 이렇게 말했다.

"10퍼센트 안에 들지 않아도 괜찮아. 99등을 해도, 꼴등을 해도 괜찮아. 너는 너 그대로 소중한 존재야."

둘째, 그를 품어주는 공동체가 있다. 자기는 10퍼센트 안에 들지 않아도 괜찮다고 생각하고 다행히 부모도 동의해주는데, 부모를 제외한 주변의 모든 사람들이 10퍼센트 안에 들어야 한다고 강박감을 준다면 얼마나 외로울까. 얼마나 쉽게 흔들리고 많은 상처를 받을까. 이때 그의 마음을 알아주고 그의 선택을 응원하거나 품어주는 공동체가 있다면 그는 덜 외롭고, 덜 흔들리고, 받았던 상처도 곧 치유될 것이다. 춘천의 20대 청년에겐 인문학 카페를 함께하는 회원공동체가 있었다. 홍성의 20대 청년에겐 마을공동체가 있었다. 그 공동체에서 함께한 이들이 '이렇게 살아도 괜찮구나'라며 서로 힘이 되어주었다.

인천 검암에는 청년생활공동체 '우리동네사람들'이 있다. 20대부터 40대까지 청년 30~40명이 공동 주거로 함께 살고 있다. 결혼한 이들이나 일부 구성원들은 인근 주택에서 따로 살기도 하지만 공동체 활동에는 함께 참여한다. 저녁 식사를 함께 해 먹을 때도 식사 당번을 따로 정하지 않고 그날 시간이 되는 사람이 음식을 준비한다. 커피와 맥주를 파는 동네 카페도 함께 운영한다. 그곳에서 독서토론, 음악회, 전시회 등을 연다.

이 공동체를 방문했을 때 한 주민에게 물었다.

"어떤 일들을 하며 사시나요?"

"회사원, 비정규직, 파트타임, 백수 등 여러 부류의 사람들이 모여 있어요. 공통점은 아등바등 살지 않는다는 거죠. 자기 하고 싶은 일을 하고, 독서토론에 참여하고, 함께 술 마시며 웃고 떠들고. 함께 거주하면 주택 비용과 생활비가 적게 드니까 이런 생활이 가능합니다. 그리고 무엇보다 여유롭게 사는 옆 사람들을 보고 '저렇게 살아도 즐겁게 살 수 있구나' 하면서 안심하는 것 같아요."

공동체가 나 혼자만이 아니라는 안정감을 주기 때문에 이곳 청년들은 안절부절못하거나 아등바등하지 않는다. 이렇듯 가정 안에서, 공동체 안에서 안정감을 경험해야 지금의 나를 사랑하는 힘과 주눅 들지 않고 세상을 만들어가는 힘을 얻는다.

이야기를 정리해보면, 이 험한 세상에도 당당하게 살아가는 청년들은 다음과 같은 특징이 있다.

첫째, 자기 자신을 사랑한다. 10퍼센트 안에 들지 않아도 괜찮다고 생각한다.

둘째, 자신을 사랑하기에 남의 눈치를 보지 않고 자기가 하고 싶은 일을 한다.

셋째, 그래서 자신의 일을 사랑한다.

넷째, 자신을 사랑하기에 자기가 살고 있는 세상을 사랑한다.

다섯째, 자신을 사랑하고 세상을 사랑하기에 세상의 눈치를 보지 않으며, 세상을 원망하는 데 그치지 않고 세상을 개척해나간다.

여섯째, 자기가 하는 일이 실패하더라도 크게 주눅 들지 않는다. 사랑하는 과정 또한 사랑하니까. 인생은 한판 승부가 아니니까. 내 안에는 지금까지의 내가 아닌 또 다른 내가 있다고 믿으니까.

일곱째, 자신을 사랑하고 세상을 사랑하기에 그 세상에서 더불어 함께 살아가는 사람, 이웃을 사랑한다.

여덟째, 그래서 안정감을 누린다. 이웃과 함께하니 외롭지 않다. 나 말고도 이렇게 사는 사람들이 많구나!

아홉째, 자기를 사랑하고 세상을 사랑하고 이웃을 사랑하는 사람은 주변 사람들에게 기쁨을 준다. 이런 사람은 세상과 이웃이 가만두지 않는다. 쓸모 있는 사람이기에 원하는 곳이 많다.

열째, 그래서 밥 먹고 살 수 있다. 밥벌이 걱정을 덜 해도 된다.

한마디로 '사랑이 밥 먹여준다'.

자기를 사랑하고 자기 일을 사랑하고 세상을 사랑하고 이웃을 사랑하기 위해 노력하고 실천하면 밥벌이가 된다. 밥벌이 걱정보다 어떻게 사랑할까를 생각하라. 사랑이 밥 먹여준다.

3장

—

옆을 볼
자유

쉬엇다 가도 괜찮다

그렇다면 무엇부터 해볼까요? 어디서부터 시작해야 할까요?

지난 5년간은 이 질문에 대한 답을 찾는 과정이었다. 나는 그동안 800회가 넘는 《우리도 행복할 수 있을까》 강연에서 10만 명의 독자들을 만나면서 이렇게 말했다.

"우리에게 덴마크는 여러 가지로 부럽습니다. 그렇다면 무엇부터 해야 할까요? 이제 부럽다고만 하지 말고 우리도 덴마크처럼 행복한 사회를 만들기 위해 뭔가 실천을 해야 하지 않겠습니까? 어디서부터 출발할까요? 100가지가 부럽다고 100가지를 다 해볼 순 없잖습니까? 상징적으로 딱 한 가지만 선택하라면 무엇부터 해보고 싶은가요?"

그랬더니 청중들로부터 가장 많이 나온 답은 이것이었다.

"교육부터 바꿉시다. 그 상징으로 덴마크의 에프터스콜레 같은 학교를 우리나라에도 만들어봅시다."

어떤 강연장에서 한 청중으로부터 이 말을 들었을 때 나는 소름이 끼쳤다. 이렇게 서로 통하는구나! 사실 나는 2013년 봄 처음으로 덴마크에 갔을 때 '그래 이거다. 에프터스콜레가 이 나라 사람들이 왜 행복한지를 상징적으로 보여주는구나'라고 생각했다. 그리고 우리나라에도 이런 학교가 있으면 참 좋겠다고 부러워했다. 내가 만약 중학교를 졸업하고 나서 고등학교에 바로 진학하지 않고 1년간 하고 싶은 것을 실컷 하면서 인생을 설계할 수 있었다면 얼마나 좋았을까? 아니, 나는 그렇게 하지 못하더라도 우리 딸과 아들에게 그런 기회를 줬다면 얼마나 좋았을까?

그래서인지 《우리도 행복할 수 있을까》를 쓸 때도 에프터스콜레 대목에 특별히 정성을 들였다. 그런데 그 마음이 독자에게 전달되어 "우리도 만듭시다"라는 말을 강연장에서 듣게 되니 소름이 돋을 수밖에 없었다.

중학교 학생들을 대상으로 강연할 때면 나는 이렇게 물어봤다.

"1년 동안 인생을 설계할 수 있는 에프터스콜레가 우리나라에 있다면 가고 싶은 사람 손들어보세요."

어느 중학교든 대체로 3분의 2 이상이 손을 들었다. 아이들은 이미 새로운 교육, 새로운 학교에 도전할 준비가 되어 있었다.

나는 《우리도 행복할 수 있을까》에서 덴마크 사람들이 왜 행복한가를 분석하면서 행복은 어디에서 오는가를 이렇게 한 문장으로 요약했다.

충분한 시간적 여유를 가지고
다양한 선택지 속에서
남의 눈치를 보지 않고
내가 하고 싶은 것을 스스로 찾아서 하는데
나도 즐겁고 옆 사람도 즐겁다.

이것을 세 단어로 줄이면 이렇다.

스스로, 더불어, 즐겁게.

다시 이것을 세 가지의 '괜찮아'로 표현하면 이렇다.

쉬었다 가도 괜찮아.
다른 길로 가도 괜찮아.
잘하지 않아도 괜찮아.

어떻게 표현되든 우리는 이런 말이 우리 인생을 행복하게 한다는 사실에 대부분 동의한다. 문제는 실천이다. 부러워하는 것에 그치지 않고 실천을 해야 세상이 바뀌고 내 인생이 바뀔 수 있다.

한때 핀란드 교육 열풍이 분 적이 있다. 그래서 핀란드의 학교들을 탐방하는 한국 사람들도 늘어났다. 열풍이 분 지 3년 정도 지났을 무렵, 한국인 탐방단이 핀란드 학교를 방문했을 때 그쪽 관계자가 이렇게 말했다고 한다.

"왜 한국인들은 계속 핀란드에 오나요? 와서는 왜 같은 질문을 반복하나요? 지난 3년 동안 배워 갔으면 이제 한국에서 실천하면 되지 않나요?"

참 아픈 질문이다. 마찬가지다. 덴마크를 부러워하지만 말고 우리 안에 덴마크를 만들어야 하지 않을까? 우리 안에 우리를 참으로 행복하게 만들 수 있는 그 무엇을 만들어야 하지 않을까?

그래서 나는 2015년 봄에 〈오마이뉴스〉 주최로 포럼을 열었다. 주제는 '인생학교를 만듭시다'였고, 부제는 아래와 같았다.

'중3 졸업생에게 1년간 옆을 볼 자유를 허하라! 덴마크 에프터스 콜레 모델의 한국 적용 가능성을 점검한다.'

옆을 볼 자유를 허하라! 나는 포럼을 준비하면서 이 문구를 특별히 강조했다. 우린 학교 다닐 때 '한눈팔지 말라'는 소리를 많이 들었다. 그런데 덴마크는 한눈파는 것이 얼마나 생산적인 것인지 가르쳐줬다. 우린 학교 다닐 때 딴짓하지 말라는 소리를 많이 들었다. 그런데 덴마크는 딴짓을 해봐야 내 안에 또 다른 내가 있음을 알게 된다고 가르쳐줬다. 우린 학교 다닐 때는 착실히 공부를 하고, 나중에 이른바 좋은 대학에 간 후에, 이른바 좋은 직장에 들어간 후에 인생을 즐기라는 이야기를 들어왔다.

그런데 그게 가능하던가? 미래로의 유예는 끝이 없다. 결혼한 후에, 아이를 낳아 어느 정도 키운 후에, 부장이 된 후에, 국장이 된 후에…… 그러다 보면 무릎이 시원찮은 50대가 되고, 어느덧 은퇴를 앞두게 된다. 그리고 퇴근길을 터벅터벅 걸으며 묻는다. 나는 누구였나, 내 인생은 어디로 갔는가.

덴마크 사람들은 말한다. 어린 시절부터, 학생 때부터 '스스로, 더불어, 즐겁게'를 체험해봐야 어른이 되어서도 그런 인생을 살 수 있다고. 맞는 말이다. 그래서 나는 '인생학교를 만듭시다' 포럼을 준비하면서 '옆을 볼 자유를 허하라'는 문구를 특별히 부각했다.

나는 그 포럼에서 큰 기운을 느꼈다. 옆을 볼 자유에 대한 염원이 참으로 크다는 것을. 평일 낮에 열린 포럼인데도 〈오마이뉴스〉 대강당이 100여 명의 참석자들로 꽉 찼다. 학부모들의 표정과 교육계 인사들의 표정이 이렇게 말하고 있었다. '정말 꼭 필요합니다. 우리 한번 해봅시다.'

꿈틀리 인생학교는 그 기운을 받아 본격적으로 준비를 시작했다. 정승관 전 풀무농업고등기술학교 교장 선생님과 내가 공동준비위원장을 맡았다. 하지만 두렵기도 했다. 학교를, 그것도 1년짜리 기숙형 학교를 새로 만든다는 것이 만만치 않은 일임을 잘 알고 있었기 때문이다. 우리나라에 전혀 없었던 것을 새롭게 만들려다 보니 고려해야 할 것도 많았다. 1년짜리 학교는 현행법 규정에도 없어 '무법지대'에서 시도를 해야 하는 어려움도 있었다. 그러다 보니 아침에 일어나 '그래도 한번 해보자' 마음을 다진 다음 오후 강연장에서 청중들에게 인생학교 설립 계획을 이야기하고 박수를 받을 때는 한껏 고양되었지만, 한밤에 홀로 설립 자금 문제 등을 고민할 때는 풀이 죽었다.

한참 동안 그러기를 반복했다. 그럴 때마다 대안교육 현장에서 산전수전 다 겪은 정승관 선생님이 이런저런 격려를 해주셨지만 쉽사리 결단을 내리지 못했다. 마음이 약해질 때는 피할 수 있는 좋은 핑계를 찾았다. 대한민국에 교육자들이 많고 많은데 그들이 하게 해야지, 왜 언론인인 내가 나서야 하나? 정부의 주도로 공교육에서 본격적으로 하게 해야지, 이렇게 민간에서 학교 하나 만든다고 뭐가 달라지겠는가? 준비 과정까지 포함하면 자금이 한두 푼 드는 것도 아닌데, 확실한 후원자를 확보한 뒤 준비를 착실히 한 다음 몇 년 후에 하는 것이 좋지 않을까?

무엇보다 가장 큰 걱정은 따로 있었다. 과연 학생들이 지원을 할까? 강연장에 모인 학부모들은 "참 좋은 계획이네요. 그런 학교가 만들어진다면 제 아이도 보내고 싶습니다"라고 말했지만, 중학생의 3분의 2가 "저도 그런 학교에 가고 싶어요"라고 손을 들었지만,

실제로 지원을 할까? 정원을 30명으로 정했는데 과연 학생들이 다 찰 수 있을까?

한 중학교에 강연하러 갔을 때다. 그날 사회를 본 학부모회장은 중3 딸에게 강연을 들어보라고 권했다. 그때가 2015년 가을이었는데, 나는 그 강연에서 2016년 3월에 덴마크의 에프터스콜레를 모델로 한 인생학교를 강화도에 개교할 예정이라고 밝혔다.

바로 그 순간 한 가정의 풍파가 시작되었다. 강연장에 앉아 있던 학부모회장의 딸이 작심을 해버린 것이다. '바로 저 학교야. 내겐 저 학교가 필요해.' 학부모회장은 얼마나 당황했을까? 딸에게 강연을 들어보라고 한 것은 '인식의 지평'을 넓혀주기 위해서였는데, 공부 잘하는 모범생 딸이 1년간 쉬었다 가는 선택을 하겠다니 말이다.

그날 밤 이 가정에서는 아빠까지 합세해 긴급 가족회의가 열렸다. 이후 입학원서를 쓸 때까지 가족회의는 결론을 내리지 못하고 3개월이나 계속되었다. 쉬었다 가도 정말 괜찮을까? 다른 길로 가도 정말 괜찮을까? 아무도 가지 않았던 길을 선택하려고 하니 어찌 어렵지 않겠는가.

이 학부모회장의 딸은 끝끝내 인생학교에 지원했다. 이런 결단들이 모아져 정원 30명이 다 찼다. 노심초사하던 학교 설립자의 입장에서는 기적에 가까운 일이었다. 세상이 바뀌고 있다는 징조였다.

© 꿈틀리 인생학교

"여기에 있는 1년 동안 절대로 공부하지 않겠습니다.
그런데 여기에 있는 1년 동안 단 하루도 허투루 보내지 않을 것입니다."

면접일에 한 엄마에게 물어봤다.

"왜 아이를 이 학교에 보내기로 했나요?"

그의 답은 세상이 바뀌고 있다는 걸 말해주고 있었다.

"남들과 다르게 키워보고 싶었어요. 우리 언니 오빠가 조카를 키워오는 과정을 제가 계속 지켜봤거든요. 아주 빡세게 관리하고, 빡세게 공부시켜서 좋은 대학에 보냈어요. 그래서 좋은 직장에 취업했어요. 그런데요, 명절 때 조카를 만나보면 표정이 어둡더라고요. 그다지 행복하지 않대요. 월급은 많이 받지만 자유가 없대요. 이렇게 살아야 하나 회의가 들어 퇴사할까 고민이래요. 아니 그렇게 죽어라 앞만 보고 달려갔는데 최종적으로 행복하지 않다면, 왜 앞만 보고 달려가야 하는 걸까요? 그 조카를 보니 우리 아이에게는 옆을 볼 자유를 주고 싶었어요. 쉬었다 갈 자유를 주고 싶었어요. 그래야 결국엔 더 잘 갈 수 있지 않을까요."

그동안 우리가 달려온 방식에 대한 근본적 회의였다. 앞만 보고 달려가게 하는 과정에서 투자하는 비용은 엄청 큰데 최종 산출물이 '행복'이 아니라면, 그래서 표정이 안 좋다면 이제는 뭔가 다르게 생각해야 한다.

이런 마음들이 모아져 2016년 2월 22일 오후 2시 꿈틀리 인생학교의 첫 입학식이 열렸다. 그날 그 시각은 학교 설립자인 내게 매우 상징적이다. 바로 16년 전인 2000년 2월 22일 오후 2시 〈오마이뉴스〉를 창간했다. 그 당시 〈오마이뉴스〉는 '모든 시민은 기자다'를 모토로 시민참여저널리즘을 세계 최초로 선보였는데, 인터넷신문에 대한 법적 규정이 없었던 때라 무법지대에서 태어났다. 꿈틀리 인생학교도 우리나라 현행법에 1년짜리 인생학교에 대한 규정이 없기 때문에 역시 무법지대에서 개교했다. 내 인생에서 가장 심혈을 기울여 저지른 새로운 사업은 이렇게 모두 무법지대에서 시작되었다.

입학식은 독특했다. 30명의 학생뿐 아니라 함께 온 가족 구성원 모두가 앞에 나와 입학 소감을 말했다. 유치원 다니는 동생도 마이크를 잡고 한마디 했다. 이 쉽지 않은 새로운 선택을 위해 가족 구성원 모두가 함께 고민하고 결단을 내렸으니 한마디씩 할 자격이 충분했다.

입학식이 치러지는 대강당에는 200여 명이 모여 있었는데, 그들이 가장 큰 웃음을 터트린 순간은 모자를 눌러쓴 한 학생이 이런 입학 소감을 말할 때였다.

"다짐합니다. 여기에 있는 1년 동안 절대로 공부하지 않겠습니다. 다짐합니다."

사람들의 폭소는 짧은 순간에 숙연한 감동으로 변했다. 이 학생이 이어서 이렇게 말했기 때문이다.

"그런데 저는 여기에 있는 1년 동안 단 하루도 허투루 보내지 않을 것입니다. 다짐합니다."

가장 큰 박수는 그다음에 쏟아졌다. 한 학생이 일 때문에 입학식에 함께 오지 못한 엄마를 스마트폰으로 연결했다.

"엄마, 한마디만 해줄 수 있어?"

"우리 딸아, 위대한 평민이 되거라."

순간 와하는 함성과 함께 박수가 쏟아졌다. 이런 마음들이 모였구나. 이렇게 새로운 시작이 가능하구나. 박수를 치던 손들이 여기저기서 손수건을 찾고 있었다.

내 삶을 경영하는 훈련

덴마크의 한 공립 초등학교를 방문했을 때다. 아직 오전 10시밖에 안 되었는데 많은 학생들이 식당에 몰려 있었다. 가까이 다가가 보니 그들은 밥을 먹고 있는 것이 아니라 다른 학생들을 위해 점심 식사를 준비하고 있었다. 한쪽에서는 감자 껍질을 벗기고 있고, 다른 한쪽에서는 토마토를 삶고 있었다. 안내하던 교장 선생님의 말을 들어보니 초등학교 4학년 학생들의 요리 실습 수업이었다.

"우리 학교는 초등학교 4학년이 되면 예외 없이 모두 일주일간 요리 실습 겸 식사 당번을 합니다. 그 일주일 동안은 다른 수업을 전혀 하지 않습니다. 오로지 식사 준비만 하면서 어떻게 요리하는지를 직접 배웁니다. 그리고 그렇게 배운 요리를 실제로 다른 학생들의 점심 식사로 제공합니다."

독특했다. 일주일간 다른 수업들은 다 접고 오로지 식사 당번만 하면서 요리하는 법을 배운다니. 교장 선생님은 집중요리주간을 정한 이유를 이렇게 설명했다.

"우리 아이들은 지금 요리하는 시늉을 하는 것이 아니라 점심에 다른 학생들이 먹을 요리를 직접 하는 것입니다. 그렇기 때문에 이 기간에는 다른 공부를 할 시간이 없습니다. 아니 밥하기도 바쁜데 어떻게 공부할 시간을 냅니까? 또한 매일 주 메뉴가 달라지고 그걸 만드는 법을 배워야 하니 요리 자체에 모든 에너지와 시간을 집중해야 합니다. 딴 공부할 시간이 없습니다."

밥하느라 공부할 시간이 없다! 이런 말을 학교에서 듣다니. 그것도 공립 초등학교 교장 선생님에게서 듣다니. 월요일엔 된장찌개, 화요일엔 김치찌개, 수요일엔 비빔밥, 목요일엔 스파게티, 이런 식으로 매일 다른 메뉴를 만들어 다른 학생들에게 점심 식사로 제공해야 한다면 정말 다른 것은 할 엄두를 못 낼 만했다.

만약 우리나라 공립 초등학교에서 4학년생들에게 일주일간 밥하는 법, 반찬 만드는 법을 배우게 하고 국어, 영어, 수학 등 다른 과목을 가르치지 않는다면 학부모들의 반응은 어떨까?

교장 선생님은 요리 실습이 왜 중요한지를 설명했다.

"덴마크에서는 아이들이 18세부터 독립을 시작합니다. 부모로부터 독립하는 거죠. 생활공간은 물론 경제적으로도 독립합니다.

그래서 뭐든지 '스스로' 하는 것을 미리미리 배워야 합니다. 학교에서도 가정에서도 미리 그런 훈련을 합니다. 스스로 밥해 먹는 것이 독립을 위해 얼마나 중요합니까? 스스로 밥해 먹고, 스스로 빨래하고, 스스로 청소하는 것은 인간이 독립하기 위해 필요한 기본 요소 아닙니까?"

대한민국 아이들 가운데, 초등학교 4학년은 차치하고 중고등학교 학생들 가운데, 아니 대학생까지 포함해서 스스로 청소하고 빨래하고 반찬 해 먹을 수 있는 아이들이 얼마나 될까?

어른들도 마찬가지다. 나는 학부모 대상 강연을 할 때 언제 부모로부터 진정한 독립을 하게 되었냐고 물어봤다. 상당히 많은 공감을 얻은 대답 중 하나는 이렇다.

"학생 때 독립한다는 것은 꿈도 못 꾸죠. 우리 엄마는 저한테 설거지도 못 하게 했어요. 세탁기 돌리는 것도 안 시켰어요. 공부하느라 피곤하고 시간도 없는데 왜 하냐고. 그래서 저는 결혼하고 나서야 세탁기 버튼을 어떻게 누르는지 처음 알게 되었어요. 사실 결혼하고도 저는 엄마한테서 독립을 못했어요. 엄마가 아이 봐주지, 김치도 해주지. 아마도 엄마가 나중에 돌아가시면 그때서야 제가 독립할 것 같아요."

문제는 이런 '엄마의 사랑'이 스스로 자기 인생을 개척하는 힘을 기르지 못하게 하는 독이 될 수 있다는 점이다. 엄마는 늘 완벽한 밥상을 차려주고 아이는 그것을 받아먹기만 한다면, 그 아이는 '어떤 인생을 살 것인가'를 스스로 선택할 힘을 기를 기회가 없어진다.

학교에서도 마찬가지다. 선생님이 늘 완벽한 수업을 준비하고, 학생들은 선생님이 시키는 대로 따라만 한다면 스스로 생각할 힘을 키울 수 없다.

꿈틀리 인생학교는 '스스로, 더불어, 즐겁게'를 표방한다. 내가 보기에 이 세 가지 중 가장 힘든 것이 '스스로'라는 정신을 길러가는 것이다. 그만큼 우리 사회는 학교에서나 가정에서나 스스로 하는 것에 대한 훈련이 부족하다.

꿈틀리 아이들은 학교생활 규칙을 스스로 정한다. 휴대폰을 사용할 것인지 말 것인지, 사용한다면 어떤 식으로 쓸 것인지 전체 모임 자리에서 토론을 통해 정한다. 매일 아침 스스로 일어나고, 스스로 청소하고, 개인 프로젝트 시간에 무엇을 하면 좋을지를 스스로 정한다. 스스로 식사를 준비하는 훈련을 위해 매일 한 명씩 모든 프로그램에서 빠진 채 오로지 식당에서만 일한다. 식당에서 주요리사로 일하는 선생님과 실제로 반찬 만드는 것을 해본다.

어떤 학생은 오이 반찬을 못 먹었다. 그런데 선생님과 함께 그날 만든 점심용 반찬이 오이 김치였다. 열심히 만들었더니 한번 먹어보고 싶어졌다. 먹을 만했다. 새로운 세계를 발견한 것이다. 이런 과정은 내가 스스로 내 인생을 경영해가는 훈련이 된다.

즐길 준비가 되어 있다면

꿈틀리 인생학교의 국어 선생님을 맡고서 가장 힘든 점은 아이들 스스로 수업을 할 수 있도록 유도하는 것이다. 그래서 나는 최대한 준비 없이 수업에 들어가려고 했다. 그런데 나에게 좋은 선생님이란 '수업을 완벽히 준비해 오신 분'으로 오랫동안 각인되어 있었기 때문에 준비 없이 수업에 들어갈 때면 왠지 마음이 편치 않고 불안했다. 나는 글나눔 시간에 수업 준비 없이 들어가 30명의 학생들에게 말했다.

"이 수업은 여러분이 주인입니다. 글나눔 시간에 무엇을 하면 좋을지도 여러분의 의견을 듣고 난 뒤 결정하려고 합니다. 이 수업에서는 선생님이 무엇을 하자고 할 거라는 기대를 하지 마세요. 오늘

우리도 사랑할 수 있을까

글나눔 시간에는 무얼 하면 좋을까요? 혹시 의견 있는 사람?"

학생들이 당황하며 수군수군했다. 나는 아무 말도 하지 않고 계속 학생들에게서 의견이 나오길 기다렸다. 이렇다 할 의견도 없이 보낸 그 3~4분이 얼마나 길던지. 별 제안도 안 나오고 멀뚱멀뚱 있다가 결국 90분이 다 지나면 어쩌지? 이 정도로 기다려도 안 나오면 내가 먼저 뭘 하자고 제안을 해야 하나?

다행히 5분 정도 지났을 때 한 학생이 제안을 했다.

"함께 시 쓰기를 해보면 어떨까요? 몇 명씩 조를 짜서 다함께 어떤 시를 쓸 것인가를 토론한 다음, 한 줄씩 이어가면서 시를 써보는 거예요."

내겐 구세주 같았던 그 학생의 제안에 몇 명은 뜨악해했지만 여러 학생들이 고개를 끄덕였다. 나는 이때다 싶어 좋은 제안이라고 동의하며 '당근'을 하나 던졌다.

"어떤 시를 쓸 것인가를 논의하는 장소는 어디든 상관없어요. 이 교실을 떠나도 됩니다. 자, 40분간 시간을 줄게요."

마침 그날 봄 햇살이 좋았던 터라 아이들은 함성을 지르며 교실 밖으로 쏟아져 나갔다. 어떤 조는 함께 그네를 타면서, 어떤 조는 운동장을 거닐면서 무엇에 대해 시를 쓸 것인가를 이야기했다. 어떤 조는 식당 근처에서 웃고 떠들고 장난만 치고 있는 걸로 보여서 도대체 시상에 대해 논의는 하는 건지 걱정이 되었다.

그렇게 40분이 지난 후 조별 발표 시간이 돌아왔다. 솔직히 나는 큰 기대를 하지 않았다. 내용은 둘째 치고 아이들이 스스로 수업을 만들어갔다는 것에 의미를 부여하면서 조별 발표를 들었다. 그런데 그중에 '오, 이것 봐라' 할 정도로 눈에 띄는 작품이 하나 있었다. 〈괜찮다, 자신 있다〉라는 제목으로 5~6명이 한 줄 한 줄 이어 쓰기를 했다. 각 행마다 글씨는 달랐지만 그들은 이 합창을 통해 많은 것을 이야기하고 있었다.

30명의 학생들이 강화에 모였습니다.
휴대폰 게임을 좋아하는 친구부터
피아노를 좋아하는 친구
기타를 치며 노래 부르는 친구들
몸이 아픈 친구들
그림을 좋아하는 친구들까지

30명의 학생들이 꿈을 찾습니다.
물론 아직 찾지 못한 학생도 있습니다.
하지만 괜찮습니다. 지금은 시작이니까.
1년 동안 찾지 못해도 괜찮습니다.
찾지 못해도 즐길 준비가 되어 있으니까.
괜찮습니다. 자신 있습니다.

우리도 사랑할 수 있을까

30명의 학생들이 강화에 모였습니다.
30명의 학생들이 꿈에 다가갑니다.

　나는 이 시 낭독을 듣고 코끝이 시큰했다. 아이들이 고마웠다. 꿈틀리 인생학교가 무엇을 추구하는지 아이들이 정확하게 이해하고 있었기 때문이다. 꿈을 찾기 위해 이 학교에 들어왔다는 아이들이 "1년 동안 찾지 못해도 괜찮습니다. 찾지 못해도 즐길 준비가 되어 있으니까"라고 말할 수 있다니. 그런 마음을 품은 아이들과 함께하고 있다니 고맙고 든든했다.

　나는 이 학교를 개교하기 전에도 강연장에서 이렇게 말하는 학생들을 많이 만났다.

　"저도 인생학교에 가고 싶습니다. 그런데 가장 크게 망설여지는 점은 그 학교에서 1년을 즐기다 보면 제가 친구들보다 1년 늦게 고등학교에 가야 한다는 겁니다. 다들 앞으로 가고 있는데 나만 뒤처지는 느낌이랄까요. 또 인생학교를 마치고 일반 학교로 돌아오면 1년 아래 동생들이랑 함께 공부해야 되잖아요. 그것도 참 힘들 것 같습니다."

　어른이 되어 사회생활을 하다 보면 1년 늦게 가는 것은 아무 문제가 안 된다는 것을 알 수 있다. 1년 나이 어린 후배들과 함께 뭔가를 하는 것도 별문제가 안 된다. 그런데 저 나이 때는 그 점이 엄청 부담스러운가 보다. 모두들 쉬지 않고 똑같은 길로만 가니, '쉬었다 가도 괜찮아. 다른 길로 가도 괜찮아'라는 생각을 받아들이기가 쉽지 않은가 보다.

꿈틀리 인생학교를 열기 전에 그렇게 걱정하는 학생들을 많이 만난 나였기에 저 시를 듣자 코끝이 시큰해질 수밖에 없었다. 나는 속으로 가만히 응원했다.

'그래 너희들이 옳다. 즐기면 이루어진다. 스스로 즐기면 이루어진다. 스스로, 더불어 즐기면 더 잘 이루어진다.'

선입견을 버리면 잠재력이 보인다

"저도 작가님이 책에 써놓은 그대로 우리 아이에게 해봤거든요. 학원도 안 보내고 저 하고 싶은 대로 하게 그냥 둬봤어요. 그런데도 아이 표정이 좋아지지 않네요. 어떻게 하면 좋을까요?"

"그냥 놔둔 지 얼마나 되었습니까?"

"2주나 되었어요, 2주요."

고등학교 1학년 아들을 둔 한 엄마와의 대화였다. 하지만 한 그루의 나무도, 한 송이의 야생화도, 오래 지켜봐야 자세히 볼 수 있다. 아이들도 마찬가지다.

꿈틀리 인생학교에서 국어 선생님으로 아이들을 만나면서 조금 걱정되는 아이들이 몇 명 있었다. 나는 지금 '걱정되는'이라는 표현을 썼는데, 수업에 임하는 선생님에게 걱정 안 되는 학생과 걱정 되는 학생의 차이는 뭘까? 선생님과 눈을 잘 맞추고, 손을 들어 의견도 이야기하고, 의자에 앉은 자세도 바르고, 표정이 밝으면 걱정 안 되는 학생이다. 반대로 수업에 집중을 못하고 주눅이 든 표정으로 앉아 있으면 걱정되는 학생이다.

그런데 선생님인 나는 30명의 아이들을 한군데에 모아놓고 일제히 같은 시간에 같은 뭔가를 하게 하는 것 자체가 얼마나 폭력적인지를 미처 깨닫지 못한다. 지금 걱정되는 아이도 다른 공간에서 자기가 정말로 좋아하는 것을 한다면 표정이 달라질 수 있다는 생각을 못한다. 글쓰기 대신 만약 운동장에서 공을 찬다면, 무대에서 춤을 춘다면, 피아노를 친다면? 꿈틀리 인생학교는 시험도 없고, 점수도 없고, 경쟁도 없다. 전통적인 학교에 비해 학생 개인에게 엄청난 자유를 준다. 하지만 이곳도 학교를 표방한 이상 전통적인 학교의 '폭력성'을 완전히 탈피하지는 못한다.

어쨌든 글나눔 시간에 걱정되는 학생이 몇 있었다. 그들은 대체로 글 쓰는 것 자체를 싫어했다. 한번은 주제 없이 자유롭게 글을 써보라고 20분을 줬다. 그랬더니 한 학생은 고작 세 줄만 이렇게 썼다.

나는 글을 쓰기 싫은데 선생님이 쓰라고 한다.
밝은 날씨가 참 좋다. 이런 날은 글쓰기가 더 싫은데 쓰라고 하니

우리도 사랑할 수 있을까

쓸 수밖에.

근데 할 말이 없다, ㅆㅂ.

　또 한 명의 걱정되는 학생은 체구가 왜소했다. 나는 글나눔 시간 말고도 쉬는 시간에 학생들과 어울려 축구를 몇 번 했는데, 그 학생은 내가 권해도 어울리는 법이 없었다. 나도 학창 시절에 공을 무서워했고 그것 때문에 위축되어 있었던지라 그 모습이 안타까웠다. 나는 글나눔 시간과 축구 시간을 통해 그 학생을 '걱정된다'고 판단했다.

　어느 날 그 학생의 개인 프로젝트를 감상할 기회가 있었다. 꿈틀리 인생학교는 선생님이 진행하는 수업 말고, 학생 개개인이 하루 3시간 이상씩 스스로 하고 싶은 것을 집중적으로 할 수 있는 개인 프로젝트 시간을 준다. 어떤 학생은 한복의 역사를 공부해 발표하고, 어떤 학생은 만화 그리기를 하는 등 개인 프로젝트는 참으로 다양했다. 그런데 그 걱정되는 학생의 개인 프로젝트는 내가 전혀 상상할 수 없는 것이었다. 그것은 미로 그리기였다.

　그는 자도 대지 않고 A4 용지 왼쪽 위부터 시작해 오른쪽 밑으로 빠져나오는 미로를 스스로 설계해서 그렸는데, 사람 손으로 그렸다는 것이 믿기지 않을 정도로 매우 정교한 작품이었다. 논리적인 공간 구성 능력 없이는 나올 수 없는 그림이었다. 이 아이에게 저런 능력이 있었구나, 잠시 감탄하고 있는데 그것은 예고편일 뿐이었다. 그가 설계한 대로 왼쪽 맨 위에서 시작해 오른쪽 맨 아래로 빠져나가는 그 미로를 따라 볼펜으로 선을 연결하니 놀라운 장면이 펼쳐졌다. 우리 학교 이름인 '꿈틀리'가 선명하게 그려진 것이다. 저렇게 촘촘하게 미로를 구성할 수 있다니!

와, 내 입에서 절로 감탄사가 흘러나왔다. 그 순간 그 학생이 내 표정을 살펴보고 있었다. 그리고 바로 그때 나와 그 학생의 관계가 역전되었다. 그때부터 그는 나를 편하게 보기 시작한 듯했다. 자기가 하기 싫은 글쓰기를 시키는 부담스러운 선생님에서 자기가 좋아하는 미로 그리기로 감동을 안겨줄 수 있는, 통할 수 있는 선생님이 된 것이다.

그 후부터 그는 전과 달리 나를 보면 슬슬 농담을 걸기도 했다. 그다음 학기에는 내가 글나눔 수업을 맡지 않았는데 나를 보더니 다가와 말을 걸었다.

"선생님, 왜 이번에는 글나눔 수업을 안 하세요? 저도 글쓰기 좋아하는데."

뜻밖의 말이었다. 글쓰기를 좋아한다고?

"넌 글쓰기 싫어하는 것 같았는데?"

"아니에요. 저도 글쓰기 좋아한단 말이에요. 처음엔 좀 힘들었는데 나중엔 좋아졌어요."

나의 변화가 그의 변화를 불러온 것일까. 그 미로를 본 후부터 나는 그 아이를 더 이상 걱정스러운 눈빛으로 보지 않았다. 어마어

마한 잠재력이 있는 아이로, 그의 꿈대로 산업디자이너가 될 수 있는 재목이라고 여기기 시작했으니, 아마도 그는 나의 변화를 눈치챘으리라. 그 변화로 인해 그는 글나눔 시간도 편하게 생각하게 되었고 글쓰기에 대한 부담도 떨쳐버릴 수 있지 않았을까?

나는 이 학생과의 관계를 통해서 한 아이를 바라볼 때 선입견을 갖지 말고 오랜 시간에 걸쳐 다양한 측면에서 봐야겠다는 생각을 하게 되었다.

우리도 사랑할 수 있을까

고마운 봄비

한 학생 이야기를 더 해보자. 이 아이도 좀 걱정되는 학생 중 하나였는데 무엇보다 수업에 적극적으로 참여하지 않았다.

하루는 글나눔 시간에 봄비가 내렸다. 나는 학생들과 봄비에 대한 글을 쓰기로 하고 사전 단계로 봄비에 대한 이런저런 이야기를 나눴다. 봄비가 오면 생각나는 사람은? 먹고 싶은 것은? 가보고 싶은 곳은? 듣고 싶은 노래는? 모두들 적극적이든 소극적이든 대화에 참여하면서 봄비를 주제로 한 글쓰기에 대해 워밍업을 하고 있는데, 이 학생은 팔짱만 끼고 앉아 있었다.

특히 나는 그의 표정이 걱정되었다. 수업 시간마다 대부분 어두운 얼굴을 하고 있었다. 입학 때 쓴 자기소개서를 보면 그의 표정이 어두운 이유를 짐작할 수 있다. 그는 현재의 자기에 대해 실망하고 있었다. 중학교 2학년 때까지는 모범생이었는데 3학년 때부터 교무실에 불려 다니기 시작했다. 공부에 대한 부담감이 그를 자포자기 상태로 만들었고 '문제아'의 길로 인도한 것 같았다. 그는 자기소개서에 이런 식으로 적었다.

저도 이런 제가 싫습니다. 저는 다시 선생님과 부모님으로부터 인정을 받고 싶습니다. 그런데 마음은 그렇게 먹지만 쉽게 고쳐지지 않아 걱정입니다.

봄비는 하염없이 계속 내리고 있고, 다른 학생들은 토론을 마치고 봄비에 대해 쓰기 시작한 지 제법 되었다. 90분 수업 중 이제 10분 정도 남았는데, 80분 내내 수업 태도가 가장 나빴던 그 아이는 아직도 팔짱만 끼고 봄비를 물끄러미 쳐다보고 있었다. 한 줄도 안 쓴 게 분명했다. 나는 조심스럽게 그를 곁눈질하다가 잠시 고민했다. 써보라고 권할까, 그냥 둘까? 나는 수업 종료 8분을 남겨놓고 그에게 다가갔다.

"너 봄비 좋아하는구나. 너도 좀 써보지?"

그 말을 건네고 물러섰는데 그때부터 아이가 뭔가를 적기 시작했다. 수업은 끝났고, 학생들은 저마다 쓴 작품을 제출하고 강의실을 빠져나갔다. 그는 맨 마지막으로 시를 제출했다. 그런데 반전이 있었다. 그에게서 이런 작품이 나올 줄이야! 나는 그가 8분 만에 쓴 시 〈봄비〉를 보고 이야, 하는 감탄사를 쏟아냈다. 80분 내내 수업 태도는 가장 나빴는데 그가 쓴 시는 내게 최고의 작품으로 여겨졌다.

여름에 내리는 비는 싫다.
여름비는 마치 철없는 나로 인해 생긴
부모님의 가슴에 생긴 상처들에서 흘러나오는 피 같다.
비가 내리는 것을 바라만 봐도 답답하고 불쾌하다.

하지만 봄에 내리는 비는 좋다.
봄비는 마치 내가 태어났을 때
부모님의 눈에서 흐른 맑은 눈물 같다.

그래서 나는 봄이 좋다.
내가 처음으로 부모님의 눈에서 흐르는
봄비를 본 계절이기 때문이다.

　늘 표정이 어두웠던 그 학생 안에도 이런 따스한 꿈틀거림이 존재하고 있었다. 수업 태도만 가지고 그를 평가한 내 생각은 얼마나 단견이었나? 나는 크게 반성하면서 그를 꺼안고 칭찬을 했다.

"정말 잘 썼네. 참 잘 썼어."

그렇게 칭찬을 거듭했더니 그는 비로소 씩 웃으며 한마디 했다.

"그쵸? 제가 좀 감수성이 있죠?"

나는 그가 그렇게 웃는 모습을 처음 보았다. 그 후 나는 더 이상 그를 걱정 어린 눈으로 쳐다보지 않았다. 그의 수업 태도가 나쁘다고 해서, 그의 표정이 어둡다고 해서 그리 크게 걱정하지 않았다. 그 안에 있는 뜨거운 그 무엇을 보았기 때문에, 그리고 그것을 기반으로 그가 '또 다른 나'를 발견해나갈 수 있다고 믿기 때문에.

나는 그에게 말했다.

"이 시를 부모님께도 보여주면 참 좋을 것 같은데. 내가 보여줄까, 네가 보여줄래?"

그는 부모님께 직접 보여드리겠다고 했다. 그런데 2주 후에 확인해봤더니 아직이었다.

"못 보여드리겠더라고요. 보여주면 제가 먼저 울 것 같아서요."

그래서 내가 그의 엄마에게 아들의 시를 보냈다. 곧 답이 와 메신저의 대화창을 열어보니 완전히 눈물바다였다.

우리도 사랑할 수 있을까

인생학교의 실험은 계속된다

꿈틀리 인생학교 학생들은 특별 수업을 자주 한다. 캠퍼스는 인천광역시 강화군 불은면 넙성리에 있지만 학교 밖 활동이 빈번하다. 서울대 법학대학원을 찾아가 조국 교수에게 일일 수업을 들었고, 서울시청을 찾아가 박원순 시장과 대화를 하기도 했다. 학교 밖에서 이뤄지는 특별 수업 중 학생들이 가장 오랜 기간에 걸쳐 몸과 마음을 쏟는 두 가지는 여행과 농사짓기다.

농사짓기는 꿈틀리 인생학교의 정체성을 상징적으로 보여준다. 이 학교는 학생들이 1년 내내 먹는 쌀과 야채를 학생들 스스로 생산한다. 이를 위해 강화도의 두 농가와 계약을 맺고 그들의 논과 밭 농사를 학생들이 짓는다. 농사 선생님은 그 농가의 주인들이다.

논농사는 3월 거름내기부터 시작해 4월 못자리 만들기, 5월 모내기, 6월 피뽑기, 10월 벼베기에 이르기까지 전 과정에 학생들이 직접 참여한다. 모내기 때는 장관을 이룬다. 요즘 대부분의 농가는 모내기를 기계로 하지만 이곳에서는 손으로 직접 심는다. 흙물 논에 들어가 모를 심는 것이 처음에는 힘들어도 학생들은 이내 보람을 느낀다. 내가 먹는 밥이 어디에서 시작되었는지를 알고, 더불어 함께하는 노동의 소중함과 환경의 소중함을 알게 된다.

한 학생은 어버이날에 엄마에게 편지를 썼는데, 농사짓는 보람에 대해 이렇게 적었다.

엄마, 내가 농사를 지어봤더니 엄마가 나를 어떤 심정으로 키우는지 조금은 알 거 같아요.

10월에 벼를 수확하면, 재학생들이 2월 말 졸업할 때까지 먹을 수 있을 뿐 아니라 다음 해에 들어오는 후배들이 1년간 먹을 수 있을 만큼 양이 충분하다. 그러고도 남아서 학생들은 이 쌀을 학교에 초대된 특별 강사나 후원자들에게 선물한다.

학생들은 생전 처음 해보는 밭농사에도 서서히 재미를 붙인다. 상추, 쑥갓, 오이, 감자, 고추, 가지 등 10여 가지 채소를 학교 근처 밭에서 재배한다. 꿈틀리 인생학교에 후원금을 내는 한 후원자는 이 학교를 방문해 점심 식사를 하면서 큰 감동을 받았다. 그날 점심으로 나온 대여섯 가지 채소가 전부 학생들이 밭에서 직접 기른 것이었기 때문이다.

나는 꿈틀리 인생학교 아이들이 농사짓는 장면을 담은 사진을 접할 때마다 그것을 우리 가족의 메신저 대화방에 올린다. 참 아름다운 장면이라고 여겨서다. 이미 대학생이 된 딸과 아들은 처음엔 신선해하더니 아빠가 계속 올리자 귀찮은 건지 질투가 나는 건지 이런 반응을 보였다.

"아빠, 이젠 그만 올려도 돼요. 우리 때 인생학교를 만들지 그땐 왜 안 만들었어요. 이제야 만들어가지고, 참."

아픈 말이다. 내가 너무 늦게 교육에 관심을 가진 것이 후회스럽기도 하다. 나는 언뜻언뜻 우리 아들딸과 거리감을 느낄 때가 있다. 그 거리감의 출처를 생각해보면, 나는 시골에서 농사를 지으며 자랐고 아이들은 서울 아파트촌에서 자란 것과 관련이 있는 것 같다. 농사는 기본적으로 더불어 함께하는 끈적끈적한 그 무엇을 동반한다. 서울의 아파트촌은 '더불어 함께'가 거의 없다.

나는 뒤늦게 생각해본다. 만약 우리 아들딸이 비록 서울 아파트 촌에서 자랐다 하더라도 꿈틀리 인생학교 같은 곳을 1년간 다니면서 논농사, 밭농사를 지어봤다면 얼마나 좋았을까? 그랬다면 더불어 함께하는 노동의 의미를 조금이라도 맛볼 수 있었을 것이고, 그 경험이 아이들에게 미치는 영향이 적지 않았을 텐데.

꿈틀리 인생학교는 성적도 없고, 등수도 없고, 성적우수상도 없다. 경쟁 대신 더불어 함께하는 즐거움을 누린다. 내가 1등 하기 위해 친구가 실수하길 바라는 마음은 얼마나 나쁜가? 기존 학교에서의 끝없는 경쟁이 불러온 그런 나쁜 마음을 씻어내고 '내가 행복하려면 우리가 행복해야 한다'는 삶의 철학을 체험한다. 그래서 꿈틀리 인생학교에서의 동아리 활동은 내가 잘하는 것을 남에게 나눠주는 활동이기도 하다. 이 학교엔 학생이 30명밖에 안 되는데도 첫해에 동아리가 19개나 만들어졌다. 그중 한 학생은 무려 19개 동아리에 다 가입했다.

동아리 결성은 이런 식으로 이루어진다. 큼지막한 종이를 교실 벽에 붙여놓은 다음 한쪽에는 내가 남에게 가르쳐줄 수 있는 것을 적고, 또 다른 쪽에는 내가 남에게 배워보고 싶은 것을 적는다. 그렇게 해서 기타 동아리도 만들어졌다. 처음엔 기타를 잘 치는 학생이 3명이었는데, 그 아이들이 다른 친구들을 가르쳐주니 1년 후 졸업할 때는 동아리의 10여 명 모두가 잘 치게 되었다. 앞서 배운 자와 뒤따라 배운 자가 함께 어울려 기타 합주를 할 때 서로의 기쁨은 얼마나 클 것인가.

한 학생은 공교육 경험이 전혀 없는 아이였는데 전부터 벌을 키우는 재미에 푹 빠져 있었다. 그는 강아지보다 벌을 더 좋아해 아예 벌통 하나를 학교 뒷산으로 가져와 키웠다. 그러면서 양봉 동아리를 만들었다. 모두 7명의 학생이 가입했는데, 처음엔 다들 벌을 무서워했다. 그러나 양봉 전문가 학생이 친구들을 벌통 옆으로 데리고 가 벌의 세계를 가르쳐주고 꿀을 만들어내는 과정을 보여줬다. 그렇게 해서 양봉을 알게 된 이 동아리는 몇 개월 후에 직접 꿀을 채취할 수 있었다. 그리고 그 꿀을 전교생 30명이 함께 나눠 먹었다. 아이들이 외쳤다.

"그야말로 꿀맛이네."

이렇듯 농사를 짓거나 동아리 활동을 하면서 '더불어 함께' 정신을 체험하면, 도저히 넘기 힘든 벽이라고 생각한 것들도 쉽게 뛰어넘을 수 있다. 나이 차 극복도 그중 하나다.

꿈틀리 인생학교의 첫해 입학생 30명은 대부분 중학교를 졸업하고 온 아이들이었지만 8명은 고등학교 1학년을 마치고 온 아이들이었다. 사연은 이렇다. 내가 고등학교에서 강연을 하면서 꿈틀리 인생학교를 만들 예정이고 중3 졸업생을 대상으로 한다고 했더니 고등학생들이 항의를 했다.

"우리에게도 꼭 필요한 학교인데, 왜 중3 졸업생만 대상으로 합니까?"

나는 그들의 문제 제기가 일리 있다고 생각했다. 그래서 고등학교 1학년을 마친 아이들 혹은 그 또래 아이들까지 대상을 확대했다. 그랬더니 8명이나 지원을 했다.

처음엔 다소 걱정을 했다. 그 또래 아이들은 한 살 많고 적음을 가지고 민감하게 선후배를 따지기 때문에 혹시 학교 분위기에 안 좋은 영향을 줄까 해서였다. 그러나 기우였다. 나이라는 틀을 초월할 수 있는 더불어 함께하는 활동이 많았기 때문이다.

첫해 입학생들이 졸업하던 날, 나는 이사장으로서 축사를 하면서 학생들에게 물어봤다.

"나중에 이 학교에서 선생님 하고 싶은 사람 손들어보세요."

30명의 학생 거의 대부분이 손을 들었다. 나는 다시 질문했다.

"앞으로 이런 학교를 스스로 만들어보고 싶은 사람 손들어봐요."

절반 정도가 손을 들었다. 나는 내심 흐뭇했다. 이 학생들이 인생학교에서 보낸 1년을 매우 긍정적으로 평가하고 있음을 보여줬기 때문이다.

꿈틀리 인생학교는 2018년 봄 3기 입학생을 맞이한다. 이 학교가 여기까지 정착하는 동안 숱한 도전들이 있었다. 강연장에서 청중들은 내게 이런 질문을 한다.

"꿈틀리 인생학교를 운영하는 데 가장 어려운 점은 무엇입니까?"

이런 질문을 받으면 답하기가 너무 쉽다. 내가 이제껏 절절히 느껴온 것이 있으니까. 가장 어려운 점은 학교를 원활히 운영할 수 있는 충분한 자금을 확보하는 문제다. 현재 학부모들은 월 85만 원을 학교에 낸다. 수업료와 기숙사비를 포함해서다. 이도 적지 않은 비용이지만, 기숙학교이다 보니 기본적으로 110만 원을 받아야 교직원 8명의 월급을 주고, 숙식비를 감당하고, 임대료 등 관리비를

우리도 사랑할 수 있을까

내고, 적자를 면할 수 있다. 그러나 그렇게 되면 학부모의 부담이 커지니 애초부터 적자 편성을 했다. 적자분은 나의 강연료 일부와 몇몇 지인들의 후원금으로 메워왔지만 점점 한계를 보이고 있다. 강연료와 후원금은 적자를 간신히 면하게 할 뿐 선생님들에게 충분한 월급을 주지 못하고 있고, 더 많은 학생을 받기 위해 기숙사를 만드는 것 등은 아예 엄두를 못 내고 있다.

혹자는 말한다. 정부의 지원을 받아보라고. 하지만 나는 서두르지 않고 있다. 아래로부터, 민간에서부터 충분한 실험을 거쳐 적어도 10여 개의 인생학교가 생겨야 법을 만들고 지원 규정을 만드는 일도 가능하지 않을까. 아래로부터의 자발적 움직임이 부실한 상태에서 위로부터의 제도적 지원만 있다면 부작용만 남기고 실패할 게 뻔하다.

물론 덴마크는 에프터스콜레법이 있어서 정부에서 절반의 운영비를 대준다. 그러니 학부모가 학비를 적게 내도 안정적인 학교 운영이 가능하다. 1851년에 최초로 에프터스콜레가 생기고 1930년에 그런 법이 만들어질 때까지 79년이나 걸렸다. 그만큼 아래로부터 충분히 뿌리를 내린 다음에야 법적 지원이 있었다는 것을 말해준다. 그래서 인생학교 본연의 정체성이 정부의 지원에도 불구하고 유지될 수 있었고, 정부가 지원은 하되 일절 간섭하지 않는 문화도 정착되었다. 덴마크는 이렇듯 교육 등 거의 모든 분야에서 아래로부터, 시민사회로부터의 자발성이 큰 힘을 발휘한다. 그런 점으로 볼 때 순수 민간 차원에서 꿈틀리 인생학교를 운영해보는 실험을 계속하는 것은 적지 않은 의미가 있다.

나는 강연 때마다 청중들에게 말한다.

"저의 소망은 앞으로 10년 이내에 약 20개의 기숙형 인생학교가 우리나라에 생기는 것을 보는 겁니다. 제가 직접 만들겠다는 것이 아니고 여러분이 만들 수 있도록 분위기를 조성하겠다는 것입니다. 꿈틀리 인생학교는 그 쇼케이스입니다. 아하, 우리나라에서도 이런 학교가 가능하구나, 우리도 저렇게 하면 되겠구나, 이런 걸 보여주고 싶습니다. 여러분도 여러분의 지역에서 여러분의 방식으로 인생학교를 만드십시오. 그래야 지금 유치원이나 초등학교에 다니고 있는 아이들이 중학교를 졸업할 때쯤이면 여러 인생학교 가운데 하나를 선택해서 갈 수 있지 않겠습니까? 지금은 기숙형 인생학교가 강화도에 하나밖에 없으니 선택의 자유가 없지 않습니까?"

꿈틀리 인생학교에는 '나도 이런 학교를 만들어볼까'라고 생각하는 사람들의 방문이 끊이지 않고 있다. 몇몇 지역에서는 준비 모임이 만들어지고 있다.

꿈틀리 인생학교와 취지는 같지만 형태는 다른 인생학교들도 속속 등장하고 있다. 기숙형 학교는 아무래도 부담스러울 수밖에 없어 등·하교형 인생학교들이 다양하게 실험되고 있다. 공교육에서는 서울시교육청이 1년짜리 '오딧세이학교'를 만들어 운영하고 있고, 경기도교육청은 주말이나 방학 등을 활용한 '꿈의학교'를 다양하게 운영하고 있다. 민간에서는 서울의 꽃다운친구들, 경기도 용인과 고양의 열일곱 인생학교, 경북 상주의 쉴래 등이 1년짜리 등·하교형 인생학교를 실험하고 있다.

4장

———

우리 안에
또 다른 우리가 있다

부모의 철학이 중요하다

대한민국에서 중학생이 된다는 것은 무엇을 의미할까? 본격적으로 전선에 선다는 것을 의미한다. 성적 경쟁의 전선에 내몰리는 것이다. 그러면서 생존경쟁의 쓴맛을 보게 된다. 10퍼센트만 승자가 되는 대한민국 세상을 본격적으로 체험한다. 그 결과 초등학생 때까지 그나마 간직하고 있었던 발랄함, 명랑함, 자신감, 낙관성을 서서히 잃어간다. 표정이 어두워지기 시작한다. 그것을 함축적으로 대변하는 단어가 바로 주눅이다.

한 중학교 1학년생이 《우리도 행복할 수 있을까》를 읽고 내게 긴 편지를 보내왔다. 제목을 붙여본다면 이 정도가 될 것이다. 〈나는 왜 계속 주눅이 들까요?〉 편지는 이렇게 시작한다.

작가님께 이렇게 메일을 보내는 이유는…… 제가 약간 주눅이 들어 있다고 할까요? 그냥 한마디로 자신감이 부족해요.

그러면서 먼저 성적 이야기를 한다.

남들은 제가 공부를 잘하는 줄 알아요. 근데 저 진짜 공부 못해요. 이번에 제 친구들은 다 수학 성적이 90점이 넘었는데 저만 혼자 78점을 맞았어요. 대신 국어와 사회에서 점수가 잘 나오긴 했지만 다른 애들과 별반 다를 게 없어요. 그러니 성적은 딱 중간이에요.

주눅의 이유가 친구들과의 성적 비교에 있음을 보여준다. 수학 78점이 아주 잘한 것은 아니지만 양호한 편인데도 다른 친구들이 90점 맞았다는 이유로 자기는 진짜 공부 못한다고 단정해버린다. 수학을 못한다는 이유로 국어와 사회를 잘해도 공부 못한다고 생각한다. 편지는 이어진다.

그리고 저는 잘하는 게 별로 없는 것 같아요. 저는 초등학교 때까지는 제가 글쓰기와 말하기를 가장 잘한다고 생각했어요. 그런데 중학교에 올라와보니 저보다 잘하고 훌륭한 친구가 너무 많은 거예요.

주눅의 이유가 친구들과의 비교 때문이라는 점이 더 분명하게

우리도 사랑할 수 있을까

드러난다. "내 실력이 변한 게 아니지만 훨씬 잘하는 친구들을 보니 주눅이 든다." 10퍼센트만 승자가 되는 사회와 그것을 닮은 학교는 이렇게 꽤 괜찮은 아이들을 패배자로 만들어간다.

엄마 아빠는 이렇게 주눅 들어가는 아이를 보면 가슴이 아프다. 그래서 "괜찮아, 너 잘하고 있어"라고 위로와 칭찬을 해주지만 생존경쟁 문화에 포위된 아이는 위로받지 못한다. 이 중학생은 편지에서 "칭찬을 들어도 들은 것 같지 않다"고 토로한다.

주위에서는 저에게 칭찬도 많이 해주시고 격려도 많이 해주시지만 전 그때마다 저보다 더 뛰어난 친구들이 생각나서 칭찬을 들어도 들은 것 같지가 않았어요. 그래서 좀 힘들어요. 맞아요. 저는 항상 최고가 되어야 한다고 생각해요. 최고가 되어 친구들에게, 가족들에게, 선생님들에게 인정받고 싶어요.

보다 분명하게 이 학생을 주눅 들게 한 주범이 등장한다. "항상 최고가 되어야 한다" 그래서 "인정받고 싶다". 참 마음이 아프다. 참 안타깝다. 누가 이 중학교 1학년에게 이런 무한 경쟁의 마음을 심어주었을까? '최고가 아니어도 괜찮아. 나는 있는 그대로의 나를 사랑해' 이런 마음을 품을 수는 없는 것일까? 이 학생은 편지의 마지막 대목에서 이렇게 절규한다.

하지만 중학교에 올라와 내가 가장 자신 있는 부분에서 최고가 될 수 없는 현실을 마주하니 너무나도 좌절감이 들어요. 저는 어떻게 해야 하는 걸까요? 어떻게 해야 열등감에서 탈출할 수 있을까요? 어떻게 해야 나 자신에게 만족할 수 있는 걸까요?

10퍼센트만 승자가 되고 90퍼센트가 패자가 되는 사회와 그것을 닮은 학교는 이렇게 중학교 1학년생을 좌절감과 열등감에 빠뜨린다. 나 자신도 사랑할 수 없고, 친구도 사랑할 수 없게 만든다. 무엇이 그 마음을 치유할 수 있을까? 답은 명확하다. 90퍼센트 이상이 승자가 되는 사회를 만드는 것이다. 그래야 나도 사랑할 수 있고 우리도 사랑할 수 있다.

사실 대한민국 헌법은 우리나라가 그런 사회가 되어야 한다고 명백히 밝히고 있다. 헌법 10조는 이렇게 선언한다. "모든 국민은 인간으로서의 존엄과 가치를 가지며 행복을 추구할 권리를 가진다." 그런데 왜 이 중학생에게 헌법 10조는 너무나 멀리 있는 것일까? 국민이기 전에 한 인간으로서 왜 스스로에 대한 존엄과 가치를 인정하지 않을까?

나는 편지를 받고 나서 며칠 후 그 학생이 다니는 중학교에 강연을 하러 갔다. 그 학생도 강연을 들었는데 얼마 뒤 다시 편지가 왔다. 이번에는 '주눅 권하는 사회'를 만든 어른들을 향해 질문을 쏟아냈다.

우리나라는 왜 덴마크처럼 안 되는 걸까요? 나라를 다스리는 사람들이 자신의 이익만, 자신의 행복만 추구하려 하기 때문에 이런 사태가 벌어진 걸까요? 힘이 센 사람들만 결정하고 힘이 약한 사람들은 그것을 따라야만 하는 사회라서 그런 것일까요?

그러면서 어른들에게 "부끄러워하라"고 주문했다.

왜 우리는 가만히 있어야만 할까요? 지금은 제 나이가 고작 열네 살밖에 안 돼서 어른들의 결정 사항을 그대로 따를 수밖에 없지만 덴마크 사회와 대한민국 사회를 알고 나니 우리나라가 참 부끄러워지네요. 제가 만약 어른이라면 어린 친구들 얼굴 보기가 굉장히 부끄러울 것 같아요.

부끄러운 어른들은 그동안 나름대로 처방을 내놓았다. 중학교 1학년 때 한 학기나 두 학기 동안 이른바 자유학기제를 실시한 것도 그중 하나다. 자유학기 때는 중간고사, 기말고사 등 시험을 보지 않고, 경쟁보다는 '더불어 함께' 정신을 추구하고, 진로체험 수업도 중시한다. 그런데 의문이 든다. 자유학기제가 좋은 것이라면 왜 한두 학기만 할까? 자유학기제가 행복한 학생, 행복한 학교를 만들기 위한 것이라면 왜 중학교 3년 내내 하지 않을까?

어른들이 얼마나 단편적인 처방전을 내놓고 있는지를 자유학기

제가 말해준다. 문제는 철학인데 그건 바꾸지 않고 곶감 하나만 달랑 던져주면서 불만을 잠재우려 한다. 그러니 자유학기제를 경험하고도 주눅 든 중학생들은 계속 넘쳐난다. '쉬었다 가도 괜찮아. 다른 길로 가도 괜찮아. 잘하지 않아도 괜찮아.' 덴마크 아이들이 누리는 이 세 가지 '괜찮아'를 우리 아이들은 누리지 못하기 때문이다. 그 '괜찮아'들을 만들어내는 철학, '내가 행복하려면 우리가 행복해야 한다', 이것이 뿌리 내리지 못했기 때문이다.

어디서부터 손을 써야 할까? 답은 현장에서 찾아야 한다. 나는 경남 하동과 전남 구례가 맞닿아 있는 화개장터의 아이들이 다니는 화개중학교에 강연을 하러 갔을 때 신선한 충격을 받았다. 교장 선생님은 이렇게 말했다.

"제 생각엔 아마도 이 화개중학교 학생들이 우리나라 중학생들 가운데 가장 행복할 겁니다."

무슨 이유로 이렇게까지 자신 있게 말하는 걸까?

물론 자연환경부터가 참 좋다. 학교가 지리산 깊은 골짜기에 있어서 학생들이 등교하려면 벚나무 가지로 만들어진 숲터널을 한참이나 지나야 한다. 나는 한여름에 그 숲터널을 지나는 즐거움을 만끽하면서 그 학교에 갔는데 교문에 이런 현수막이 걸려 있었다.

'하동군 중학생 축구대회 우승을 축하합니다.'

나는 이런 생각을 했다. '이 학교에 축구팀이 있나 보네, 코치가 잘 지도했나 보네.' 알고 보니 그게 아니었다. 축구팀도 코치도 없었다. 그런데 어떻게 하동군 축구대회에서 우승을 했을까? 교장 선생님의 설명이다.

"그냥 아이들이 쉬는 시간과 방과 후에 매일같이 즐겁게 축구를 하다 보니 축구 실력이 늘었고, 그래서 우승까지 하게 된 거죠. 전교생 70여 명 중 남학생은 30여 명밖에 안 되고 특별히 코치도 없는데 즐겁게 자기들끼리 놀다 보니 그리 된 거예요."

화개중학교 학생들은 '스스로, 더불어, 즐겁게' 정신의 실천을 확실히 하고 있었다. 축구 우승은 바로 그 열매였다.

강연을 하면서 나는 이 중학생들의 표정을 살폈다. 살아 있었다. 주눅 들어 보이는 아이들은 별로 없었다. 우리가 함께 이 강연을 만들어가고 있다는 자신감이 있기 때문에 표정이 밝았다. 나는 강연장에 들어서면서 그동안 어떤 학교에서도 보지 못했던 색다른 전시를 감상했다. 전교생이 《우리도 행복할 수 있을까》를 읽고 자기 나름대로 표지 디자인을 해서 쭉 전시해놓은 것이다. 같은 내용을 가지고 이렇게 다른 표지 디자인이 가능하다니 흥미로웠다. 저자 초청 강연이 국어 수업, 사회 수업뿐 아니라 미술 수업과도 연계되어 이뤄졌다. 또한 음악 시간에는 행복에 대한 노래도 함께 불렀다고 한다. 뿐만 아니라 학생들이 주도해서 선생님들과 학생들의 행복지수를 조사한 뒤 그 결과를 놓고 토론까지 벌였다.

화개중학교는 경상남도형 혁신학교인 행복학교로 지정된 곳이다. 그만큼 선생님들과 학생들이 '스스로, 더불어, 즐겁게' 정신을 구현하기 위해 애써온 흔적이 많았다. 하지만 혁신학교라고 해서 모두 잘되고 있는 것은 아닌데, 어떻게 교장 선생님은 "우리 아이들이 전국의 중학생들 중에 가장 행복할 것"이라고 단언할까?

교장 선생님은 "우리 아이들은 안정되어 있다"고 말했다. 그 핵심적 이유가 "엄마 아빠의 철학 때문"이라고 했다.

"우리 학생들 대부분이 화개장터에서 장사를 하는 분들의 자녀입니다. 학부모들은 장터에서 장사도 하지만 차밭 농사를 하기도 하고 고로쇠 물을 받아서 팔기도 합니다. 이래저래 이분들의 수입이 우리나라 농가의 평균보다 높습니다. 그러니 경제적으로 밥 먹고 사는 데 지장이 없는 겁니다. 밥 벌어먹고 있지, 공기 좋고 경치 좋은 자연 누리고 있지, 친근한 이웃들 있지, 참 재미지게 사는 셈이죠. 그러니까 부모들이 아이들을 그리 닦달하지 않습니다. 공부해라, 1등 해라 막 닦달하지 않아요. 아이들한테 이럽니다. '공부하기 싫으냐? 공부가 적성에 안 맞냐? 그럼 하지 마라. 나 봐라, 나봐. 학교 다닐 때 공부 못했어도 이렇게 밥 벌어먹고 재미지게 잘 살지 않냐. 취직이 걱정이냐? 그것도 걱정하지 마라. 취직 안 되면 나랑 같이 화개장터에서 장사하고 차밭 가꾸고 고로쇠 물 받아서 팔면 충분히 밥 벌어먹고 산다.'"

"공부 걱정 마라, 취직 걱정 마라." 부모로부터 이런 소리를 듣고 사니 아이들이 안정될 수밖에! 부모가 아이에게 "쉬었다 가도 괜찮아. 다른 길로 가도 괜찮아. 잘하지 않아도 괜찮아"라고 하니 표정이 밝을 수밖에. 이런 안정감이 기본적으로 있어야 아이들은 자기를 못난이로 생각하지 않고 사랑할 수 있다. 자기애가 있어야 옆 사람에게 관심도 가지게 되고 더불어 우리도 사랑하게 된다.

그러고 보니 화개장터의 부모들과 덴마크 부모들은 닮았다. 우리 안에도 이렇게 덴마크가 있다! 화개장터 모델을 우리 집, 우리 사회에도 번지게 하려면 무엇이 필요할까?

다시 철학이다. 뿌리를 캐보면 문제는 철학이다. 농부 시인 서정홍의 시 〈못난이 철학 3〉을 읽어보면 그것이 보인다.

땅 한 평 방 한 칸 물려주지 않고
돌아가신 우리 어머니 아버지 덕에
가난한 이웃들과 땀 흘려 일하고
즐겁게 밥을 나누어 먹을 줄 알고
밤새도록 마음 나눌 줄 알고
큰 슬픔도 가슴에 품고 말없이 견딜 줄 알고
아무리 작은 일에도 고마워할 줄 알고

무엇보다 사람 귀한 줄 알고.

—서정홍, 〈못난이 철학 3〉, 《58년 개띠》

화개중학교 아이들이 받은 안정감이라는 선물은 역사를 타고 대대로 이어진다. 지금 학부모들의 "돌아가신 우리 어머니 아버지 덕"이다. 현 세대보다 훨씬 가난했던 조상들이 만들어낸 삶의 철학 때문이다.

화개장터의 옛사람들은 물었다. 인간은 어떻게 살아야 하는가? 어떻게 사는 것이 인간다운 삶인가? 그리고 답했다. 스스로, 더불어, 즐겁게 살아야 한다. 내가 행복하려면 우리가 행복해야 한다. 나를 사랑하고 이웃을 사랑해야 한다.

시를 다시 천천히 읽어보자. 그 철학을 음미하면서.

이 철학을 교실과 사회에서 되살리지 못하면 주눅 든 중학생들이 계속 넘쳐날 것이다.

더 늦기 전에, 가자, 화개장터로.

우리도 사랑할 수 있을까

오늘 지금 나부터 꿈틀

무엇을 할 것인가?

나도 행복하고 우리도 행복한 대한민국을 만들기 위해 무엇을 할 것인가?

나는 그동안 중학생, 고등학생, 대학생을 골고루 만나봤는데, 그 가운데 고등학생들이 '무엇을 할 것인가'에 대한 답을 찾는 데 가장 진지했다. 왜 그럴까?

중학생들은 '아직'이다. 주눅 든 자신에 대해 아직 당혹스러워하고만 있고, 입시 경쟁이 본격화되지 않은 상태이며, 생각이 덜 영글어 있기 때문에 '무엇을 할 것인가'에 대해 생각의 깊이가 얕을 수밖에 없다.

반면 대학생들은 '이미'다. 입시 경쟁이라는 지옥의 터널을 일단 통과했고, 여전히 불안하지만 자유를 잠깐잠깐 느끼며, 세상은 원래 만만치 않은 것이라는 현실적인 생각이 벌써 고개를 들고, 내 밥벌이부터 찾자는 각자도생의 철학에 이미 상당히 물들어 있다. '무엇을 할 것인가'에 대해 그럴싸한 제안이 나오기 힘들다.

대한민국의 고등학생들이야말로 오늘, 지금, 가장 불행하다. 대학입시 전쟁에 내몰린 그들은 폭발 직전에 와 있다. 시험 때 옆 친구가 실수를 해야 내가 기쁘다. 하루 4시간 이상 잠을 자면 안 된다는 강박에 시달린다.

옆을 볼 자유를 찾는 건 정신 나간 짓이다. 나는 누구인지, 우리는 누구인지 모색할 시간적 여유가 없으니 나를 사랑하는 것에도, 우리를 사랑하는 것에도 매우 서툴다. 그래서 대한민국 고등학교는 닭장이고 감옥이다. 어느 학생이 《우리도 행복할 수 있을까》 독후감에서 한 말처럼 "학교가 우리를 그다지 사랑하는 것 같지 않은데, 하루 종일 우리를 붙들고 있다".

그래서 대한민국 고등학생들이 외치기 시작했다. "이건 아니다!" 더 이상 이렇게 살 수 없다는 절규다. 그들의 생존 본능은 '어떻게 살 것인가'라는 질문을 붙들고 모색하게 한다.

전남 순천고등학교 1학년 학생이 《우리도 행복할 수 있을까》 독후감을 보내왔다. 제목이 〈떠나든가 그냥 살든가 아니면 바꿔버리든가〉였다.

우리가 선택할 수 있는 방법은 세 가지다. 이 나라를 떠나거나 순응하거나 이 나라를 바꾸거나. 우리나라는 '자칭' 민주주의 국가다. 못 바꿀 게 뭐가 있는가? 모두가 마음만 먹으면 될 수도 있다. 실패하든 성공하든 시도하자. 그냥 굴복하는 것보단 한번쯤 시도해보고 싶다는 생각이 내 머리를 사로잡기 시작했다. 우리나라를 변화시켜 행복한 나라에 한 걸음 더 다가가고 싶다는 애국자 같은 생각도 들었다. 변화를 시킬 수 없다면 이런 불만조차 가져서는 안 된다. 불만만 있고 실천하지 못한다면 아무 의미 없으니까.

이 학생의 주제의식은 분명하다. 이민을 가버리든지 구시렁대지 말고 그냥 살든지 아니면 행복사회로 바꾸는 일에 나서든지 세 가지 길이 있는데 한번 바꿔보자는 것이다. 그는 스스로도 바꾸는 실천을 해보겠다고 결심했는데, 그의 논리는 이것이다. 우리나라는 '자칭' 민주주의 국가다. 못 바꿀 게 뭐가 있는가?

이 학생은 핵심을 찌르고 있다. 대한민국 헌법 1조를 이야기한다. "대한민국의 주권은 국민에게 있고, 모든 권력은 국민으로부터 나온다." 이대로 살 것인지, 그게 아니라면 어떻게 바꿀지, 그 선택이, 선택할 수 있는 권력이 우리에게 있다는 말이다. 대통령에게 있지 않고, 국회의원들에게 있지 않고, 국민인 우리에게 있다는 말이다. 그래서 이 학생은 묻는 것이다. 못 바꿀 게 뭐가 있는가?

물론 이 학생은 '자칭'이라는 표현을 넣었다. 참 아픈 성찰을 담고 있다. 말로만, 헌법 문구로만 민주주의 국가라고 말하지 말자는 것이다. 진짜 민주주의를 해보자는 것이다. 우리의 운명을 국민 스스로, 시민 스스로 결정해가는 일을 해보자는 것이다.

바꾸는 실천을 한다면 무엇부터 해야 할까? 고등학생들은 독후감을 통해, 강연장에서 발표를 통해 다양한 제안을 했다. 대구에 사는 한 고등학교 2학년 학생은 이것부터 실천하자고 했다. 진로와 직업을 선택할 때 '나의 편견'과 주변 사람들의 시선으로부터 자유롭기.

전 대한민국의 고등학생으로서, 특히 대입을 눈앞에 둔 학생으로서 진로에 대해 요즘 많이 고민하고 있습니다. 내가 하고 싶은 일과 현실과의 괴리, 주변 사람들의 시선. 물론 주변 사람들의 시선은 제가 극복해나가면 된다고 생각합니다. 하지만 가장 힘든 건 제 자신이 사실은 편견의 눈을 가지고 있다는 것입니다. 저는 알게 모르게 직업에 따라 사람을 등급화하고 돈 많이 버는 직업을 멋있는 직업, 좋은 직업이라고 생각하고 있습니다. 그리고 이 잣대를 저에게 들이밀면서 '나는 이런 사람이 되어야 해'라고 말하고 있는 거죠. 작가님 덕분에 제가 어른이 되어서 무엇을 위해 노력하고 싸워야 하는지 조금이나마 알 것 같습니다.

강연장에서 만난 고등학생들은 질문을 하다가 울기도 한다. 질문을 하려고 손은 들었는데 울먹이느라 질문을 마무리하지 못하는 학생도 있다. 한 고등학생은 강연 중에 '울컥했던 순간'이 있었다면서 이렇게 적었다.

"내 탓이 아니었구나!"
오늘 강연에서 오연호 작가로부터 이 말을 들었는데 정말 울컥했다. 나는 그동안 무언가 안 되는 일이 있으면 늘 '내가 잘못한 거니깐 내가 책임져야 해' '다 내 탓이야'라고 자책하면서 내가 잘하고 있는 것조차 의심했다. 하지만 이제는 겸손이 아닌 솔직하게 '내 탓이 아니었구나'라는 태도를 가져야겠다고 생각했다.

이 학생은 모든 것을 자기 잘못으로 돌려버리는 태도부터 바꾸기로 했단다. 맞다. 자기애가 첫 출발이다. 이 학생은 "다 내 탓이라고 자책하고 내가 잘하고 있는 것조차 의심했다"고 적고 있다. 주눅이 들어 자기애가 부족해지면 자기가 잘하고 있는 것, 자기의 장점마저도 의심하게 된다. 고등학생들은 대부분 성적으로 주눅이 드는 경우가 많다. 하지만 공부 말고도, 수학 잘하는 일 말고도 이 세상에는 중요한 다른 일이 너무나 많다. 내가 잘하는 것을 소중히 여기고, 자기애와 자신감을 기반으로 세상과의 관계를 확대해가야 한다. 그러려면 대한민국 교실이 정한 잣대로, 대한민국 사회가 정한 잣대로 나의 모든 것을 평가하고 자책하는 일에서 벗어나는 것이 첫 출발점이다. 이 학생은 강연 소감을 이렇게 마무리했다.

"오늘, 지금, 나부터, 꿈틀."
오연호 작가님은 오늘 1시간 20분간의 강연을 이 한 줄로 요약해주셨다. 정말 딱 꽂히는 말이었다. 방금도 직접 써보았다. '꿈틀'이 단어는 희망, 시작이 떠오른다. 하지만 밟힘, 죽음도 떠오른다. 그런 면에서 꿈틀은 도전이다. 이 말을 듣고 난 어떤 꿈틀거림을 할까 생각해보았다.

　이 학생 말대로 꿈틀거린다는 것은 도전이다. 그 과정에서 상처받을 수도 있고, 실패할 수도 있다. 하지만 그 상처와 실패는 그전과는 다른 성질의 것이다. 비록 상처받고 실패하더라도 그것이 나를 주눅 들지 않게 만들고, 또 다른 도전을 위한 자산을 만들어낸다. 무엇보다 '살아 있음'을 느끼는 즐거움을 누린다.
　또 다른 고등학생의 편지를 보자. 꿈틀거림의 동기는 '살아 있고자 하는 강한 끌림'이다. 그리고 그것이 주는 선물은 주눅으로부터의 해방이다.

방학 중에 《우리도 행복할 수 있을까》라는 대표님의 책을 읽으며 제가 경험해보지 못했던 환경에 대해 큰 부러움을 가졌던 것 같습니다. 그 책을 읽기만 했을 때는 막연하게 나도 저렇게 살 수 없을까

하는 생각이 들었고 내가 무엇을 할 수 있을까 막막한 마음뿐이었습니다. 하지만 어제 강연을 들으며 저도 덴마크 아이들과 같은 삶을 살고 싶다는 강한 끌림을 느꼈고 저의 큰 고민이었던 주눅 든 모습을 고쳐나가겠다는 다짐을 하게 되었습니다. 못하는 게 많다는 이유로 뒤로 가서 숨던 제 모습이 부끄럽게만 느껴졌습니다.

일단 주눅으로부터 해방되면 지금의 나만이 아닌 또 다른 나, 지금의 대한민국이 아닌 미래의 대한민국을 향해 말 걸 수 있는 힘이 생긴다. 편지는 이어진다.

입시 전쟁 속에서 치열하게 살고 있는 다른 친구들과는 달리, 경쟁해야 하는 교실에 적응하지 못하고 제 이상만을 좇았던 저에게 고등학교 생활은 지옥 같았고 학교는 제 편이 아닌 차가운 곳이었습니다. 그런데 어제 강연에서 꿈틀리 인생학교 이야기를 들었을 때 저도 진정 제가 원하는 삶이 어떤 것인지 생각해볼 필요가 있다고 느꼈습니다.

대한민국 고등학생으로서 많은 것을 변화시키기엔 준비 기간이 필요하겠지만, 제 다음 세대는 덴마크처럼 더불어 즐겁게 살 수 있도록 늘 잊지 않고 변화시켜나가겠습니다. 모의고사의 여파로 주눅 들어 있던 제게 좋은 말씀해주셔서 좌절에서 금방 벗어날 수 있었습니다! 감사합니다.

서울삼육고등학교는 드물게도 내가 3년 연속 강연을 한 학교다. 먼저 강연을 들은 선배들이 후배들도 들으면 좋겠다면서 추천했다고 한다. 이 학교 학생들은 강연을 듣기 전에 《우리도 행복할 수 있을까》를 읽고 독후감을 쓰고 조별 토론까지 마친 다음에 저자를 부른다. 그래서 강연은 저자가 무슨 이야기를 하는지 지켜보는 자리가 아니라 '나는 그리고 우리는 무엇을 할 것인가'를 모색하는 자리로 진화한다.

이 학교에서 강연을 들은 고등학교 1학년 학생이 내게 소감을 보내왔는데, 제목이 〈헬조선에도 봄은 오는가〉였다. 일제강점기의 암흑 속에서 시인 이상화는 절규했다. '빼앗긴 들에도 봄은 오는가.' 지금은 대한민국의 한 고등학생이 이렇게 절규하고 있다. '헬조선에도 봄은 오는가.' 꽃씨를 심으려면 봄이 온다는 믿음이 있어야 한다. 이 학생은 그 믿음을 구하고 있던 차였다.

사실 그동안 성공하지 못한 것을 하는 것은 두려움이 따르는 일이다. 실패에 대한 위험 부담이 도사리고 있기 때문이다. 그리고 그 실패가 여러 번 증명되었다면 재도전은 더더욱 힘들어진다. 내가 강연장에서 다음 질문을 작가에게 한 것은 주저하는 마음에 확신을 심기 위해서였다.

"덴마크가 행복사회가 된 것은 아래로부터의 변화가 핵심이었다고 하셨는데, 지금까지 동아시아 역사를 생각해봤을 때 아래에서부터 일어난 혁명은 제대로 성공한 적이 드물다. 아직 그러한 분위기가 만연한데, 대한민국을 행복사회로 만들고자 하는 시민들의 꿈틀거림이나 그 시도가 정말로 성공할 것이라고 보는지 궁금하다."

작가의 답변은 명료했다.

"지금 하고 있다."

처음에 나는 그 답을 잘 이해하지 못했다. 그러나 다시 곰곰이 생각해보니 우문현답이었다. 역사에 기록된 모든 시도들은 의의와 한계를 가지고 있다. 여기서 나는 한계점에만 집중할 것이 아니라 그것이 갖는 의의와 후대에 끼친 영향에 더 관심을 가졌어야 했다. 이리 재고 저리 재도 한계라는 것이 존재할 수밖에 없다면 부딪치는 것이 가장 최선이라는 것을 망각하고 있었다. 꽃씨를 심겠다는 사람이 언 땅에서 벌벌 떨고 있었던 것이다. 이 얼마나 모순된 행동인가. 말만 번지르르하고 실제로 행동에는 옮기지 못한다면 나는 내가 흉본 숱한 사람들과 다를 것이 없었다.

이 학생은 말로만 하지 않고 자신부터 실천하겠다고 다짐한다. "소극적인 나들이 모여 적극적인 우리가 된다"면서.

《우리도 행복할 수 있을까》를 읽고 강연을 들은 것은 정말 좋은 선택이었다. 기지개를 막 펴고 오늘의 날씨와 주요 뉴스를 본 것과 다름없었다. 책이 출판된 후로 이미 어떤 변화의 바람이 불어오고 있는지 알 수 있었다. 특히 개인적으로 정신적 협동조합이라고 생각되는 '꿈틀리'에서 행복한 사회를 꿈꾸는 사람이 많다는 것이 가장 가슴 설레는 소식이었다.

그래서 나도 이제 진실로 변화하려 한다. 우리 또래와 직결된 문제부터 관심을 갖고 목소리를 내보려 한다. 그러다 보면 우리 사회가 직면한 문제들도 하나씩 해결해갈 수 있지 않을까? 우리 열댓의 모임이 청소년층의 모임이 되고, 이것이 전 연령층의 모임이 된다면, 변화의 바람이 아닌 변화의 폭풍도 일으킬 수 있다고 생각한다. 사회는 우리가 복종해야 할 존재가 아니라 우리가 구려가야 하는 존재임을 잊지 말자. 그런 마음으로 도전한다면 한계가 있을지라도 위대한 의의는 남길 수 있을 것이다. 소극적인 나들이 모여 적극적인 우리가 된다. 꿈틀리에 전 국민이 모이는 그날까지 나와 모두의 노력은 계속될 것이라 믿는다.

이런 노력들이 모아지면 행복사회 대한민국은 정말 오게 될까? 이 학생이 내린 결론은 이렇다.

혼란한 이 시기가 봄을 위한 매서운 겨울로 여겨지기 시작했다. 나 자신과 다시 한번 약속해본다. 헬조선에도 봄이 오도록, 봄을 이루기 위해 꽃씨를 심는 사람이 되자고.

행복의 기준을 바꾸면

깨어 있는 시민은 누구인가? 어느 정도로 깨어 있어야 깨어 있는 시민이라고 말할 수 있을까?

《우리도 행복할 수 있을까》 강연은 대체로 약 2시간 동안 진행된다. 적게는 30명에서 많게는 1000명이 넘는 청중들을 접하면서 나는 깨어 있는 사람이 누구인지를 파악하게 되었다. 우스개 같지만, 내게 깨어 있는 사람이란 강연 중에 단 한순간도 졸지 않고 줄곧 깨어 있는 사람이다.

그들은 누구일까? 공무원, 회사원, 교사, 학생, 학부모 가운데 어느 집단이《우리도 행복할 수 있을까》2시간 강연 때 단 한 명도 졸지 않을 가능성이 가장 클까? 바로 학부모다. 그들은 강연 듣는 것을 일 혹은 수업으로 생각하지 않는다. 그들은 사랑 때문에 그 자리에 와 있다. 자기 아이들을 내 몸처럼 사랑하기에 내 아이를 행복하게 만드는 법을 알고 싶어 하고, 그래서 졸지 않고 깨어 있다. 1초도 놓치지 않으려고 집중한다.

공무원 대상 강연과 학부모 대상 강연은 강연을 다 마친 후의 풍경도 다르다. 공무원들은 바삐 강연장을 떠나지만 학부모들은 남아서 자기 아이에 대한 개별 상담을 한다. 일이냐 사랑이냐가 그런 차이를 만들어내는 것이다.

강연이 끝나면 나는 종종 학부모들의 결단을 전해 듣는다. 여기 소개하는 엄마도 그중 하나다.

저는 고등학교 2학년 딸과 중학교 1학년 아들을 둔 엄마입니다. 기자님의 책을 읽고 강연을 들은 후 며칠 동안 마음이 너무나 괴롭고 힘들었습니다.

작은아이는 순하고 평화를 사랑하는 낙천주의자입니다. 경쟁과 다툼을 싫어하고 조금은 엉뚱한 면이 아이들과 어울리는 데 걸림돌이 되기도 했습니다. 왜 다툼을 싫어하는 것이 걸림돌이 되어야 하는지 분노했지만 어떻게든 아이들과 어울리게 해주려고 애를 썼고 공부 또한 뒤처지지 않게 하려고 신경을 썼습니다.

그러는 동안 저는 아이의 마음을 보기보다는 그 무시무시한 서열의 틀에 아이를 넣으려고 애를 쓴 것 같습니다. 맘에 걸리지만 어쩔 수 없다고 자위하면서 결코 하루하루가 즐겁지는 않았습니다.

기자님의 책과 강연을 접한 후 그동안 망설여왔던 결심을 하게 되었습니다. 저의 기준을 온전히 아이의 행복에 두기로 했습니다. 그리고 그것을 아이 스스로 찾을 수 있도록 도와주려고 합니다.

우선은 아이에게 시간과 기회를 많이 주어서 자신의 인생을 생각해보게 해주려고 합니다. 저의 이런 결심에 아이가 당황하는 것을 보면서 너무 안쓰러운 생각이 들었습니다.

마음을 바꾸니 모든 것이 평화롭지만 아직은 사실 너무 두렵습니다.

엄마는 이렇게 쉽지 않은 결심을 했다. "기준을 온전히 아이의 행복에 두고" "그것을 아이 스스로 찾도록" 하는 큰 결단을 내린 것이다. 기존의 삶과는 너무 다른 길을 선택한 것이어서 한편으로는 마음이 평화롭고 또 한편으로는 너무 두렵다고 한다. 이런 엄마의 선택에 대해 당황하는 아이의 반응도 안타깝다. 그런데 문제는 작은아이에게만 있었던 것이 아니었다.

큰아이는 자기가 알아서 지금까지 잘해왔다고 생각했습니다. 하지만 그것도 저의 착각이 아니었나 하는 생각도 듭니다.

작은아이에 대한 결심을 가족들과 나누니 저희 큰아이가 자기도 자퇴하고 자신을 돌아볼 시간을 갖고 싶다며 눈물을 흘려서 마음이 무겁습니다.

알아서 잘한다고만 생각해왔던 것이 너무나 미안하고 미안합니다. 일단 대학을 가야 하는 것인지, 지금이라도 멈추고 자신을 들여다볼 시간을 주어야 하는 것인지 고민스럽습니다.

아프지 않고 자라는 나무는 없다고 했던가? 새로운 삶을 향한 꿈틀거림은 이렇듯 만만치 않다. 이 엄마는 몇 주 뒤 다시 내게 편지를 보내왔다. 결심 이후 어떤 변화가 있는지를 알려왔다.

저희는 일단 학원을 쉬어보기로 했습니다. 저녁 먹을 시간도 없이 대충 때우고 학원에 가는 대신 하루 지낸 이야기, 오늘 세상 이야기를 하며 여유 있는 저녁을 먹게 되었습니다.

부담 없이 요리와 식사 준비도 함께하려고 합니다. 저녁 식사 후엔 학원 숙제 대신 책을 읽는 시간을 가지기로 했습니다. 단어 외우는 대신 만화책을 보는 자유를 허락받은 아이도 저도 아직은 엄청 어색하고 불안한 저녁이지만 잘하는 일이라 끊임없이 최면을 걸어봅니다.

학원비는 따로 모아서 꿈을 찾는 자금으로 쓰려고 합니다. 물론 꿈틀리 인생학교 학비가 될 수도 있고요.

꿈틀리라는 이름이 참 좋다는 생각이 듭니다. 꿈틀꿈틀, 꿈이 튼다, 꿈트리라, 꿈틀이(꿈트는 사람), 꿈 트리(tree), 꿈트는 마을.

참 좋네요. 저처럼 마음은 있는데 용기가 없어 고민하는 엄마들이 많이 결심하시면 좋겠네요.

우리도 사랑할 수 있을까

결심은 이렇게 큰 변화를 만들어냈다. 학원에 가는 대신 '저녁이 있는 삶'을 찾았다. "아직은 엄청 어색하고 불안한 저녁이지만 잘하는 일이라 끊임없이 최면을 걸어본다"고 했다. 이 잘하는 일이 '최면'이 아니라 문화가 될 때 대한민국은 비로소 행복한 사회가 될 수 있을 것이다. 그는 대한민국 엄마들에게 권한다.

"저처럼 마음은 있는데 용기가 없어 고민하는 엄마들이 많이 결심하시면 좋겠네요."

용기가 없던 이 엄마는 어떻게 이런 용감한 결심을 할 수 있었을까? 바로 사랑의 힘이다. 내 아이를 진정으로 사랑할 때 이런 결심이 나온다. 내 아이의 성적을 사랑하지 않고, 내 아이의 대학 간판을 사랑하지 않고, 내 아이의 직장을 사랑하지 않고, 내 아이의 월급봉투를 사랑하지 않고, 내 아이의 인생을 사랑할 때 이런 결심이 나온다.

어떤 인생을 권할 것인가

　학부모들의 고민은 한결같다. 우리 아이들에게 어떤 인생을 권할 것인가?

　대한민국 사회는 1945년 해방 이후 어느 나라를 모델로 삼아 여기까지 달려왔을까? 대부분 미국이라고 말할 것이다. 맞다. 우리는 미국의 길을 따라갔다. 그래서 아메리칸드림은 우리가 성취해야 할 그 무엇을 상징한다. 인생에서 성공이란 무엇인가? 이 질문에 대해 아메리칸드림은 이렇게 답해왔다. 더 많은 돈, 더 높은 사회적 지위, 더 좋은 차, 더 넓은 집. 끝없는 경쟁을 뚫고 달성하는 나의 출세, 나의 성공이 인생의 목표가 된다.

　한 엄마가 있다. 지금 미국에 살고 있지만 아메리칸드림을 거부

우리도 사랑할 수 있을까

하고, 덴마크 사람들의 생활철학인 데니시드림을 선택하겠다는 엄마다. 새로운 흐름이 대한민국 안에서뿐 아니라 밖에서도 만들어지고 있다는 사실을 이 엄마는 보여준다. 그가 보내온 편지를 요약해본다.

저는 미국에 살고 있는 두 아이의 엄마입니다.

저는 IMF 때 집안 형편이 어려워져 아메리칸드림을 꿈꾸며 도미했고, 이곳에 자리를 잡고 결혼을 해 현재는 중학교 3학년 딸과 중학교 1학년 아들을 키우고 있습니다. 저희 부부는 약간의 아메리칸드림을 이루었지만, 저희 아이들에게만큼은 나와 가족 그리고 우리 사회가 잘 사는 덴마크적인 삶, 데니시드림을 가르치고 싶습니다. 바쁘게 쫓기듯 살아가는 인생이 아니라, 내 인생의 주체로 살며 '휘게'의 여유 있고 느린 삶을 가르치고 싶습니다.

내년에 큰딸을 에프터스콜레에 보내려고 합니다. 큰딸이 저와 이야기를 나누면서 처음에는 친구들과 달리 고등학교를 가지 않고 1년을 쉰다는 것 때문에 고민했지만, 1년 동안 쉬면서 본인이 무엇을 좋아하고 어떤 인생을 살 것인지, 또한 본인이 목표로 삼고 있는 것들에 대해 깊이 고민하고, 더불어 잘 사는 삶을 체험하는 시간도 값질 것이라는 데 동의했습니다.

지난 미국 대선에서 젊은 층에게 큰 지지를 받았던 버니 샌더스

235

민주당 대통령 예비 후보가 "미국의 길은 끝났고, 이제 우린 덴마크의 길을 주목해야 한다"고 했는데, 그것을 딱 닮은 선택이다.

무엇이 이 엄마에게 이런 용기를 주었을까? 그는 편지에서 그런 선택을 하기까지 걱정이 참 많았다고 적었다.

주변의 많은 한국인 부모님들이 아이들을 더 좋은 대학으로 보내기 위해 스펙을 쌓는 일에 많은 시간을 보내는 것을 보면서, 저희 아이들만 뒤처지고 있는 것은 아닌지, 제가 아이들을 잘못 가르치고 있는 것은 아닌지, 많은 걱정과 고민을 하기도 했습니다.

이 엄마는 걱정과 고민을 이겨내고 다른 길을 선택하는 용기를 냈다. 다시 말하지만, 그건 사랑의 힘이다. 아이를 사랑하니까 아이의 인생도 사랑하게 되는 것이다.

아직 용기가 없거나 두려워서 새로운 선택을 하지 못하고 있는가? 이 길이 맞는 것 같은데 엄두가 나지 않아 선택을 미루고 있는가? 그러면 점검해보길 권한다. 나는 내 아이를 진정으로 사랑하는가? 내가 사랑하는 것은 사회적 눈치인가, 아이의 인생인가?

부산 보수동 헌책방 골목에 있는 한 작은 북카페에서 10명의 엄마들을 만난 적이 있다. 이제까지의 강연 중 가장 소규모였다. 이런 작은 규모의 강연은 참석자들이 돌아가면서 모두 한마디씩 할 수 있다는 장점이 있다. 한 명씩 자기 집 아이들 이야기를 하는데 사연이 하나같이 절절했다. 한 50대 여성은 자기 차례가 되자 아들 이야기를 했다.

"우리 아들은 고등학생 때까지는 1등급이었어요. 그런데 수능을 잘 못 봐서 좋은 대학을 못 갔어요. 지금은 뭐 하는지 아세요? 친구들과 어울려 사업을 하는데 뭔지 아세요? 트럭 타고 길거리 돌면서 음식을 파는 푸드트럭 하고 있어요. 자기는 좋다면서 새벽부터 나가서 아주 열심히 일해요. 게다가 친구들과 뜻도 맞으니 표정도 밝아요."

여기까지 말하자 다른 엄마들이 말했다.

"멋지네."

"좋아한다니 좋네, 멋있네."

그러자 푸드트럭 장사하는 아들을 둔 엄마가 이렇게 말했다.

"저도 이게 남의 집 아이 이야기라면 멋지다고 생각할 수도 있겠죠. 그런데 내 집 아이가 되니까 그렇게 멋지게 안 보이더라고요."

이것이 현재 과도기의 대한민국 사회다.

부모가 아이에게 한편으로는 사랑을 듬뿍 주고, 다른 한편으로는 자기주도적 인생을 살 수 있도록 뒷받침해주는 일은, 마치 두 마리 토끼를 잡는 것처럼 만만치 않다. 그런데 그걸 완벽히 해낸 한 엄마를 발견했다. 경기도 고양시 정발고등학교에서 강연을 들은 한 학생이 편지로 자기 엄마 이야기를 내게 전해왔다.

오늘 강연에서 작가님이 해주신 말은 평소 저희 어머니가 저에게 해주던 말과 많이 흡사합니다. 어머니는 항상 저의 생각을 지지해주셨습니다. 시험을 봐도 제가 노력한 것을 칭찬해주셨고 단 한 번도 성적이 낮은 것으로 나무라신 적이 없습니다. 그런 영향 때문인지 저는 저 스스로 행복하다고 느낍니다. 물론 우리나라에서 좋은 직업을 어떻게 가질 수 있을까 생각하면 무섭기도 하지만, 항상 저를 응원해주시고 제 생각을 존중해주시는 부모님이 계시고 친구들이 있기 때문에 저는 행복합니다.

엄마가 아이에게 사랑을 주고 자기주도적 인생을 허락할 때 아이는 안정감을 갖는다. 사랑을 받고 자라니 인생이 즐겁고, 그래서 꿈을 가지며 장차 하고 싶은 일을 사랑할 줄 안다.

제 꿈은 실내건축 디자이너와 역사 선생님입니다. 너무 다르지만 둘 다 제가 너무나 사랑하는 길이에요. 오늘 작가님께서 보여주신 덴마크 건물들을 보고 진짜 엄청난 감탄을 했습니다. 그래서 꼭 나중에 덴마크에 가서 건축물들을 공부하고 싶어요! 오늘 작가님은 제가 소중한 사람이라는 것을 다시 한번 알게 해주셨습니다. 앞으로 열심히 살아가야겠다, 후손들을 위해 이 나라를 조금이라도 바꿀 수 있는 멋있는 어른이 되어야겠다고 다짐했습니다.

멋있는 어른은 이런 멋있는 학생에서 나오지 않을까? 학생은 그런 다짐과 함께 편지를 이렇게 마무리했다.

언젠간 꼭 다시 한번 뵐 수 있겠죠?

물론이다. 나는 이 학생을 꼭 다시 보고 싶다. 그리고 이 학생의 엄마도 꼭 한번 보고 싶다. 만나면 그 엄마에게 묻고 싶다. 어쩜 그렇게 아이를 잘 키우셨나요?

이미 늦은 인생은 없다

어떻게 살 것인가?

이 질문은 동서고금을 통해 계속되고 있다. 모든 고전 작품은 예외 없이 이 질문을 품고 있다. 고전이 오늘날까지 살아남았고 앞으로도 계속 읽힐 수 있는 이유는 인간이란 무엇인지, 인간의 마음속에 자리한 핵심 질문이 무엇인지를 간파했기 때문이리라.

'우리도 행복할 수 있을까?' 이런 질문을 던지는 강연이 800회 넘게 이어졌던 것은 단지 행복지수 1위의 나라 덴마크를 배우는 자리였기 때문이 아니다. 나는, 우리는 어떤 인생을 살 것인가를 함께 이야기하는 자리였기 때문이다.

한 강연장에서 50대 여성이 긴 한숨을 쉬며 탄식했다.

"내가 이걸 젊었을 때 알았더라면⋯⋯."

그는 대학생 아들을 둔 엄마였다.

"우리 아들이 초등학교나 중학교 다닐 때 이런 강연과 책을 접했더라면 좋았을 텐데, 나도 그렇게 키워보려고 했을 텐데 너무 아쉽네요."

눈물을 글썽이는 그에게 나는 말한다.

"인생은 내내 성장기입니다. 초등학생, 중학생, 고등학생 때도 성장하지만 대학생 때도 성장합니다. 인생은 내내 성장기이기에 이미 늦은 인생은 없습니다. 대학생 아드님도 지금 성장 중입니다. 아직 늦지 않았습니다. 그리고요, 질문하신 어머니도 지금 성장 중에 있습니다."

오전 10시에 하는 강연은 주로 초등학생 학부모들과 함께하는 자리다. 학부모라지만 엄마들이 대부분이다. 그들은 강연에 귀를 쫑긋 세운다. 핵심 관심사는 이것이다. 지금 초등학교에 다니는 아이를 어떻게 하면 행복하게, 훌륭하게 키울 수 있을까? 나는 그들에게 말한다.

"오늘 이 자리에서 여러분이 모든 관심을 '내 아이를 어떻게 잘 키워볼까'에만 둔다면 제 강연의 3분의 1만 얻어 가는 셈입니다. 관심이 곧 사랑입니다. 사랑을 골고루 주십시오. 아이뿐 아니라 자신에게도 주십시오. 엄마인 내가 행복해야 아이도 행복합니다. 오늘 이 자리가 엄마이자 아내이자 사회인인 나는 어떤 인생을 살 것인가도 생각하는 기회가 되었으면 합니다. 그리고 남편도 챙겨주세요. 남편은 지금 어떤 인생을 살고 있는가? 엄마와 아빠의 출근길 발걸음은 어느 정도로 가벼운가? 엄마와 아빠가 행복한 인생을 살아야 아이들도 '그래 인생은 즐거운 거야' 이런 생각을 갖지 않겠습니까?"

어른이 되어버린 엄마와 아빠는 이미 늦었고, 우리 아이라도 잘 키워야겠다는 생각은 위험하다. 아이는 금방 안다. 엄마 아빠도 그렇게 못 살면서 왜 나에게만 그렇게 살라고 하는 거야? 가정이 곧 교실이다. 엄마 아빠가 '스스로 선택하니 즐겁다'를 누려야 아이도 그걸 누릴 줄 안다. 엄마 아빠가 하고 싶지 않은 일을 밥벌이 때문에 억지로 하는 모습을 매일 아이에게 보인다면, 그 아이가 어찌 인생은 즐거운 것이라는 생각을 품을 수 있겠는가?

엄마 아빠가 스스로를 사랑하지 않고, 스스로 존엄과 가치를 느끼지 못하며, 남과 비교하면서 나는 왜 이 정도밖에 못 되었을까 늘 주눅 들어 있다면, 그 영향은 고스란히 아이에게 간다. 엄마 아빠가 살아 있어야 아이도 살아 있다. 사람이 살아 있다는 것은 꿈틀거린다는 것이다. 엄마 아빠가 꿈틀거리며 살아 있어야 아이도 그럴 가능성이 높아진다. 아이를 위해서 그래야 한다는 것이 아니라 아이와 부모가 윈윈(win-win)하기 위해서 그래야 한다.

30대 후반의 한 직장인 아빠가 있다. 그는 지금 다니고 있는 직장을 그만두고 싶다. 하는 일이 적성에 맞지 않아 때려치우고 싶다. 가장으로서 밥벌이를 해야 한다는 책임감으로 억지로 다닌다. 출근길 발걸음이 무겁다. 아내는 그걸 눈치챈다. 남편의 어두운 표정을 보는 날들이 계속되자 아내도 힘들어진다. 하지만 남편에게 선뜻 때려치우라는 이야기를 못한다. 무엇보다 먹고살 방법이 막막하기 때문이다. 이 부부는《우리도 행복할 수 있을까》를 읽고 내게 이런 사연을 보내왔다.

주말에 남편과 산책을 하며 대화를 나눴습니다. 저는 남편에게 말했습니다.

"당신, 직장 그만두고 싶으면 그만둬도 돼요. 그런데 지금 다니는 직장을 그만두고 해보고 싶은 것이 뭐예요? 내가 이것을 하면 살아 있음을 느끼겠다, 그런 게 있어요?"

그랬더니 남편이 한참 만에 말했습니다.

"나도 그걸 모르겠어. 내가 무엇을 하고 싶어 하는지."

저는 그 말을 듣고 충격을 받았습니다. 우리 집의 가장 큰 문제는 남편이 직장을 때려치우고 싶은데 그러지 못하는 것이 아니라 그만둔 다음 무엇을 하고 싶은지가 매우 불분명하다는 것에 있었습니다.

학생 때 스스로 선택하는 즐거움을 누리지 못하면 어른이 되어서도 내가 무엇을 하고 싶은지를 찾는 것이 쉽지 않다. 다행스럽게도 이 30대 후반의 직장인은 작은 꿈틀거림을 시작했다. 잠시라도 멈춰 서서 지금 나의 문제에 대해 점검을 한 것 자체가 꿈틀거림의 시작이다. 더욱 다행인 것은 아내가 파트너가 되어 대화를 나눠주고, 문제의 본질에 한 걸음 더 다가서도록 도와주고 있다는 점이다.

행복한 인생은 주중도 즐겁다. 주말만 오기를 기다리지 않는다. 행복한 직장인은 주중 일터에서도 즐거움을 느끼는 사람이다. 내가 하고 싶은 일을 하면, 그 일이 의미가 있으면, 더불어 함께의 기쁨이 있으면 즐거울 수밖에 없다. 그래서 직장을 잡을 때 사람들은 심사숙고한다. 이 직장과 내가 잘 맞을 수 있을까? 나는 이 일터에서 행복할 수 있을까? 행복지수 세계 1위의 나라 덴마크는 직장인의 만족도도 유럽 나라들 중 가장 높다.

40대 초반의 직장인 아빠가 있다. 그는 대기업의 웹 개발자다. 아내와 함께 내 강연을 들었는데, 몇 달 후 연락을 해왔다. 사단법인 꿈틀리의 홈페이지를 자원봉사로 제작해주고 싶단다. 6개월 이상 걸리는 작업인데 회사 다니면서 어떻게 할 수 있냐고 물었더니 곧 퇴사를 할 예정이라 가능하다고 했다. 10년 이상 다니던 대기업인데 인생 전환을 모색하기 위해서 사표를 낼 생각이라고 했다.

"그동안 늘 해야만 하는 일을 해왔습니다. 이제는 내가 하고 싶은 일을 해보고 싶습니다."

꿈틀리 홈페이지를 만들어주겠다니 나로서는 참 고마운 일이지만 그가 회사를 그만두고 어떻게 생계를 유지해갈지 좀 걱정이 되어 이렇게 물어봤다.

"아내의 허락은 받았습니까?"

그랬더니 답이 예상외였다.

"아내의 명령입니다."

아내가 퇴사를 먼저 권했다는 것이다.

"그동안 우리 부부는 많은 이야기를 나눴습니다. 결론은 삶의 방향과 속도를 좀 바꿔보기로 했습니다. 그래서 회사를 그만두기로 한 겁니다."

쉽지 않은 일인데 이 부부는 어떻게 이런 결정에 합의했을까? 나는 그 사연이 궁금하기도 하고, 꿈틀리 홈페이지를 제작해준다니 고맙기도 해서 이 부부에게 점심을 대접하며 이야기를 나눴다. 먼저 아내에게 물었다.

"그동안 남편의 대기업 월급으로 가정을 꾸려왔으니 퇴사하면 가정경제에 큰 타격이 있을 텐데요. 어떻게 남편에게 먼저 퇴사를 권하게 되었나요?"

"남편을 살리기 위해 그랬어요."

살리기 위해서라고? 표현이 절실했다.

"우리는 대학생 때 커플로 만나 결혼까지 했어요. 그래서 남편이 어떤 인생을 살아왔는지 비교적 일찍부터 봐왔습니다. 남편은 대학 다닐 때 가정 형편이 어려워서 하고 싶은 것을 제대로 하지 못하고 아르바이트를 많이 했어요. 취직하고 결혼해서는 가정경제를 책임지기 위해 열심히 일했습니다. 그 과정에서 남편 앞에는 언제나 해야만 하는 일이 놓여 있었어요. 의무감에서 벗어나 하고 싶은 일을 하는 경우는 거의 없었습니다."

그러던 어느 날 아내는 남편이 너무 불쌍해 보여서 퇴사를 권유했다.

"대기업이라 일이 많아 남편은 야근을 자주 했어요. 어느 날 새벽 1시에 퇴근했는데 집에 도착하자마자 그대로 침대에 쓰러져버리더군요. 그때 충격을 받았습니다. 막말로 이러다가 남편이 죽을 수도 있겠다 싶더라고요. 자기가 하고 싶은 것도 제대로 한번 못해보고 40대 초반에 간다면 얼마나 불쌍한 일이겠어요."

그렇게 해서 중대 결단이 내려졌다. 《우리도 행복할 수 있을까》에 등장하는 한 덴마크 교장 선생님은 "행복한 삶은 해야만(have to) 하는 것이 아닌 즐기는(like to) 것에서 나온다"고 했다. 이 직장인은 회사를 그만두고 스스로 선택하는 즐거움 속에 자기주도적 인생을 살면서 그동안 쌓인 피로와 독소를 털어내려 한 것이다.

그런 결정을 내린 후 이 가정은 살림의 규모와 속도와 방향을 바꿨다. 서울 아파트에서 남양주 시골 마을로 이사를 했다. 두 아이는 시골에서 마음껏 뛰어놀며 자란다. 웹 개발자인 가장은 프리랜

서로 일하는데, 무리하지 않고 하고 싶은 일만 맡아서 한다. 적게 벌고 적게 쓰되 자기주도적 인생을 산다. 아내는 남편의 헤어스타일을 가리키며 웃었다.

"저 이 머리 어때요? 제가 집에서 깎아준 거예요. 호호."

밝게 따라 웃는 남편의 얼굴이 참 편해 보였다. 아내가 남편을 살리기 위해 퇴사를 권했다고 했는데, 정말 표정이 살아 있었다. 이 부부는 이렇게 꿈틀거리고 있었다.

두 가정의 이야기는 대한민국 직장인들이 어떤 상태에 처해 있는지를 단편적으로나마 보여준다. 밥벌이를 위해 다니는 직장, 내일의 주인이 내가 아닌 직장. 그래서 이 아빠들은 퇴직을 꿈꾸거나 아예 직장을 그만뒀다. 이들은 모두 판을 바꾸려고 한다. 기존 판에서 새로운 판으로.

물론 대한민국의 직장인 모두가 이런 선택을 할 수는 없다. 그래서도 안 된다. 판 밖으로 나오는 시도도 중요하지만, 그 판 자체를 개혁하는 일도 중요하다. 이것은 문제의식을 가진 한 회사원의 노력만으로는 불가능하며 동료들과의 연대가 필요하다. 나를 이대로 둘 수는 없다는, 나에 대한 사랑이 우선 있어야겠지만 내 동료들도 저대로 둘 수는 없다는, 이웃을 내 몸처럼 여기는 사랑이 있어야 한다. 그 사랑은 '내가 행복하려면 우리가 행복해야 한다'는 철학을 실천할 때 나온다.

덴마크 직장인의 만족도가 높은 이유 중 하나가 바로 그 사랑의 힘, 연대의 힘을 느끼기 때문이다. 덴마크의 노동조합 조직률은 무려 70퍼센트에 달한다. 직장에서 옆 동료에게 무슨 일이 벌어지면 나 몰라라 하지 않고 도와주겠다는 마음이 그 70퍼센트에 담겨 있다. 그래서 덴마크의 직장인들은 외롭지 않다. 노조의 여러 기능 중 하나는 회사원들에게 '나도 이 회사의 주인이다'라는 주인 의식을 심어주는 것이다. 그런 주인 의식이 있어야 생산성도 높아지니 덴마크의 사장들은 노동자들의 노조 결성을 반긴다.

대한민국 직장인들의 노조 조직률은 10퍼센트에 불과하다. 직장 안에서 사랑의 연대가 매우 부족하다는 징표다. 주인 의식이 약하다는 이야기다. 그 부작용은 한 회사의 직원들에게만이 아니라 사회 구성원 모두에게 영향을 준다.

세월호의 비극을 생각해보자. 만약 세월호 회사 안에 노조가 있었다거나 내부 문제 제기 집단이 있었다면, 직원들이 스스로를 회사의 주인으로 여겼다면 어땠을까? 사고가 나기 전에 세월호의 적지 않은 직원들이 언젠가 큰 사고가 날 수도 있겠다는 걱정을 했지만, 노조가 없었기 때문에 제대로 된 문제 제기를 할 수 없었다.

이 글을 읽는 직장인들 가운데 만약 자기 회사에 노조가 없거나 혹은 그와 비슷한 직원공동체마저 없다면 한번 자문해볼 필요가 있다. 나는 나를 사랑하고 있는 것일까? 우리는 우리를 사랑하고 있는 것일까?

《우리도 행복할 수 있을까》 강연 801회 중에는 회사 쪽에서 주최한 자리도 적지 않다. 그중 몇몇은 노사가 공동으로 강연을 주최했다. 참 보기 좋았다. 노사가 함께 더 행복한 일터를 만들기 위해 모색하고 있었다. 한 회사는 노사가 함께《우리도 행복할 수 있을까》를 읽고, 내 강연을 듣고, 그중 30명이 덴마크까지 날아가 일주일간 여러 회사와 기관, 학교를 견학했다. 공부의 초점은 이것이었다. 주말뿐 아니라 주중에도 회사 생활이 즐거울 수는 없을까? 사장도 회사원도 저마다 주인이 되는 일터 문화는 어떻게 가능할까?

우리 안에도 덴마크가 있다

"덴마크로 이민 가고 싶어요. 이민 가면 저희야 고생하겠지만 우리 아이들은 덴마크 아이들처럼 행복하게 살 수 있지 않을까요?"

이런 이야기를 하는 학부모들을 종종 만난다. 그럴 때마다 나는 이렇게 이야기해준다.

"우리 안에도 덴마크가 있습니다. 우리 안의 덴마크를 확장시킵시다."

우리 안의 덴마크. 그곳에 사는 사람들은 덴마크를 부러워하지 않는다. 그들은 덴마크가 왜 행복지수 1위의 나라가 되었는지를 들으면 이렇게 말한다.

"어, 그거 우리 이야기잖아요. 우리가 지금 그렇게 하고 있잖아요. 어쩜 우리랑 지향하는 게 그렇게 똑같죠? 우리가 그동안 걸어온 길이 틀리지 않았네요."

이들은 덴마크를 부러워하지 않고 든든한 동지로 생각한다.

얼마 전에 덴마크 고등학교 3학년 학생 30명이 서울에 10여 일간 머물다 갔다. 한국 사회를 체험하기 위해서였다. 나는 그들과 한국 고등학생들이 함께 어울려 이야기 나누는 자리를 마련했다. 300여 명이 참석한 포럼장에서 한 덴마크 학생이 '덴마크 고3의 하루'에 대해 발표했다. 한국 고3과 덴마크 고3의 하루 일정에서 가장 큰 차이는 뭘까? 한국 고3은 오후 5시 학교 수업이 끝나면 대부분 학원에 가거나 학교에 남아 야간자율학습을 한다. 덴마크 고3은 오후 3시면 학교 수업이 끝난다.

"우리는 사회 속으로 들어갑니다. 덴마크 고등학교 3학년들의 약 80퍼센트가 수업이 끝나면 일터로 갑니다. 아르바이트를 하는 거죠. 사회 속에서 삶을 체험합니다."

한국 고3이 1등급을 위해 하루 종일 '공부 닭장'에 갇히고, 옆을 볼 자유를 잃은 채 '나'에 매몰되어 있을 때, 덴마크 고3은 사회 속으로, '우리' 속으로 들어간다. 그 속에서 '내가 행복하려면 우리가 행복해야 한다'는 것을 체험한다.

또 다른 덴마크 학생은 학교에서 선생님과 학생의 관계가 얼마나 민주적인가에 대해 발표했다. 학생들도 선생님 못지않게 교실의 주인이 된다고 했다.

덴마크 학생들의 발표가 끝나자 사회자인 나는 한국 청중들에게 물었다.

"오늘 덴마크 학생들의 이야기를 듣고 '어? 이거 우리 학교 이야기인데, 우리랑 참 똑같네' 이런 생각이 드신 분 혹시 있나요?"

그랬더니 한 고등학생이 손을 번쩍 들었다.

"우리 학교랑 비슷합니다. 우리도 저렇게 하고 있습니다."

안양에 있는 한 대안학교 학생이었다. 그러고 보니 내가 몇 번 강연을 간 곳이었다. 새들생명울배움터 경당. 이 학교는 학생, 학부모, 교사, 마을 사람들이 함께 어울리는 배움공동체인데, 초등학교 1학년부터 고등학교 3학년까지 50여 명이 다니고 있다. 주택가의 한 집을 학교 건물로 쓰고 있고 운동장도 따로 없지만 이 배움공동체 구성원들은 활기에 차 있다. 내가 이 공동체의 주인이라는 생각을 학생, 학부모, 교사가 다 같이 하고 있기 때문이다.

어떤 학년에든 시험도 점수도 등수도 없다. 학년 구분도 거의 무의미해 형제자매처럼 함께 어울려 지낸다. 무엇보다 살아 있는 공부를 한다. 책상과 교과서가 아닌 그 동네의 삶 속으로 들어가 공부한다. 최근엔 동네가 재개발 위기에 처해 있는데, 이 문제를 둘러싼 주민들의 다양한 대응과 고민도 학생들에겐 공부거리다. 함께 독서하고, 토론하고, 축구하고, 여행하고, 요리하고, 장사하고, 축제판을 벌인다.

이 공동체에 강연을 하러 갔을 때 인상적이었던 것은 강연장에 모인 사람들의 표정이 하나같이 살아 있었다는 점이다. 학생, 학부모, 교사, 마을 사람들이 함께 섞여 있었는데 전혀 어색하지 않았다. 서로 인사하느라 바빴다.

강연 전 순서로 한 젊은 선생님이 기타를 치며 노래를 불렀는데 참 씩씩하고 밝았다. 스스로 하고 싶은 일을 하니 표정이 살아 있었다. 나는 그 자리가 인연이 되어 몇 개월 후 그 선생님의 결혼식에 초대되었고 축하의 말을 건넸다.

결혼식은 참 달랐다. 온 학교, 온 동네가 참여하는 결혼식이었다. 학생들의 축가, 선생님들의 축가가 이어지더니 사회자가 다음 순서를 말했다.

"이번엔 이모님들의 축가가 있겠습니다."

그런데 무대 위에 올라오는 이모들이 10명이 넘었다. 알고 보니 이 학교를 사랑방 삼아 형성된 이런저런 동네 모임에 속한 이들이었다. 학교공동체의 좋은 기운이 넘쳐흘러 동네공동체로 번지는 모습이었다.

새들생명울배움터 경당은 2011년에 첫 출발을 했는데, 학생들 중 최고 학년은 이제 대학에 갈 나이가 되었다. 그러나 그들은 대학에 꼭 가야 한다는 생각이 없다. 대학은 선택이다. 덴마크 고3 아이들 10명 가운데 3명만 대학에 가듯이 경당의 아이들은 세상이 만들어놓은 시간표에 따르는 것이 아니라 자신이 주도적으로 판을 만들 준비가 되어 있다. 대학에 가는 것은 필수가 아니라 여러 선택지 중의 하나에 불과하다. 기존 사회가 만들어놓은 틀에 주눅 들지 않고, 사회적 눈치를 보지 않고 자기주도적 인생을 개척해가는 당당한 학생, 그들과 호흡을 맞추는 당당한 학부모, 당당한 선생님의 모습, 이것이 바로 우리 안의 덴마크를 발견하는 기쁨이다.

내가 《우리도 행복할 수 있을까》를 주제로 800회 이상 강연할 수 있었던 것은 '우리 안의 덴마크'를 만나는 재미가 있었기 때문이다. 우리 안에서 이렇게 많은 분들이, 이렇게 다양한 방법으로 꿈틀거리고 있는 것을 보며 나는 기운을 얻었다. 공부도 많이 되었다. 나는 《우리도 행복할 수 있을까》를 쓰기 전까지는 기자로 활동할 때 주로 정치 영역을 다뤘다. 청와대와 국회를 주시하며 정치인과 정치평론가를 주로 만났다. 그때 보지 못했던 새로운 세계를 전국 곳곳을 돌며 볼 수 있었다. 우리 안에 또 다른 우리가 있었다. 그 '우리 안의 덴마크'들은 공통점이 있었다. 철학이 있고, 사랑이 있었다. '나는 어떻게 살 것인가' '우리는 어떤 사회에서 살 것인가'를 모색하고 계획하고 있었다. 그리고 그것을 실천하고 있었다. 나를 사랑하고 우리를 사랑하는 것을 실천하고 있었다.

죽어가는 것들은 어떻게 다시 살아날 수 있을까? 철학을 재정립하고 사랑을 쏟아부으면 살아난다. 나는 폐교 위기에 처한 학교들이 다시 살아나는 것을 보았다. 경기도 남양주의 조안초등학교에서, 전남 순천의 도사초등학교에서, 전남 영광의 묘량중앙초등학교에서, 충남 당진의 당산초등학교에서 그것을 보았다. 이 시골 초등학교들은 농촌 인구가 줄자 한때 전교생이 20여 명에 불과해 문을 닫을 위기에 처했지만 지금은 100명, 200명이 넘는다. 나는 강연을 하러 방문할 때마다 그 이유를 물어보곤 했는데 공통점이 있었다. 선생님과 학생 사이에, 그리고 학생들 사이에 사랑이 있었다. '스스로, 더불어, 즐겁게'라는 가치관을 실제로 구현하고 있었다. 그 때문에 먼 도시에서도 이 시골 학교를 찾아온다.

이런 학교의 특징은 강연을 하든 축제를 하든 엄마뿐 아니라 아빠의 참여가 활발하다는 점이다. 아빠들의 독서회도 있고 족구 모임도 있고 축구 모임도 있다. 아빠가 참여한다는 것은 가정 안에서 우리 아이를 어떻게 키울지, 우리 아이가 다니는 학교는 어떤 학교여야 하는지에 대해 대화를 나눈다는 뜻이다.

조안초등학교에서 강연이 끝났을 때는 20여 명의 엄마 아빠가 뒤풀이까지 참여해 막걸리와 파전을 놓고 이후를 모색했다. 대화의 핵심은 지속가능성이었다. 지금 이 초등학교는 참 좋다, 중학교 그리고 고등학교까지 이렇게 좋을 순 없을까? 우리 사회도 이렇게 좋을 순 없을까?

시들시들한 것들은 어떻게 다시 생기를 머금을 수 있을까? 경남 마산의 태봉고등학교는 그것이 가능하다는 것을 보여준다. 2010년에 개교한 이른바 공립형 대안학교인데, 일반 학교를 스스로 거부한 학생 140여 명이 다니고 있다. 이 학교의 선생님은 나에게 강연을 요청하는 편지에 이렇게 적었다.

궁금하실 것 같아 학교 이야기를 조금 해드리겠습니다. 마산 진동면에 있는 공립형 대안학교입니다. 초대 교장으로 간디학교 교감이었던 여태전 선생님이 오셔서 대체로 간디학교를 모델로 교육과정을 설계했습니다. 그러나 공립이다 보니 간디학교의 가치나 철학적인 면을 그대로 계승하기는 어려웠고요. 대체로 민주주의, 자유, 다양성 등 이러한 교육 본질의 가치를 추구하는 하나의 공동체를 이루고 있답니다.

그래서 학생들도 매우 다양합니다. 자본주의 문명에 도전하며 자기 나름의 대안적 가치를 찾는 친구부터 이른바 왕따 학생들까지. 특수교육 대상 학생들도 몇 있습니다. 어쨌든 모두들 입시 위주의 교육에서 벗어나 자기 나름대로의 행복한 삶의 방식을 찾아가고자 정진하고 있답니다. 열심히 공부를 하든 열심히 자빠져 놀든.

요컨대, 그간의 대안학교의 성과를 공립에서 받아들여 새로운 학교 하나 만들려고 애쓰는 곳이랍니다. 그래서 공고한 공교육에 균열을 쪼매라도 내보길 기도하면서. 또 날마다 고군분투하면서.

강연을 하러 이곳에 들렀을 때 나는 세 가지에 놀랐다.

첫째는 교장실이었다. 교장실 문을 열고 들어갔더니 전체 공간의 절반 정도가 학생들의 쉼터였다. 교장 선생님이 근무하고 회의하는 곳과 학생들의 쉼터가 공존하고 있었다. 학생 3~4명이 그곳에 널브러져 노닥거렸다. 왜 이렇게 교장실을 만들었을까? 안내하던 선생님이 말했다.

"학생들이 학교의 진정한 주인임을 보여주기 위해 교장실부터 이렇게 바꿔봤습니다."

둘째로 놀란 것은 학교가 학생들의 흡연 공간을 만들어주었다는 사실이다. 학교 담벼락 너머에 흡연 공간을 만들어놓고 비바람을 피할 수 있는 시설까지 마련해두었다. 학교 담에는 그 흡연 공간으로 갈 수 있는 문을 냈다. 물론 선생님들은 아이들에게 흡연이 몸에 해로우니 금연하라는 교육을 계속한다. 하지만 그래도 흡연하는 학생들은 있다. 그들이 선생님 눈을 피해 몰래 담배를 피우면서 안 피웠다고 거짓말을 반복하고, 그 과정에서 나는 왜 이 모양 이 꼴일까 홀로 죄책감과 자책감의 늪에서 허우적거리기보다는 자기의 문제를 공개하고 대책을 함께 모색하자는 뜻이 그 흡연 공간에 담겨 있다.

마지막으로 학생들이 강연을 듣는 태도가 매우 자유로웠다. 책상에 올라가 듣는 학생도 있고, 심지어 팔베개하고 누워 듣는 학생도 있었다. 하지만 단 한 명도 졸지 않았다. 나는 그들의 자유로운 태도를 보며, 또 그러면서도 강사에게 날카로운 질문을 던지는 그들의 눈빛을 보며 생각했다. 이 학교 학생들은 살아 있구나.

선생님이 학교 소개 편지에 적은 대로 "공부를 하든 자빠져 놀든 열심히" 하는구나. 다양한 선택지를 보장해주었더니 다른 학교에서는 팔베개하고 수업을 들으면 문제아가 되지만 이 학교에서는 정상이 되는구나. 그런 점에서 태봉고등학교는 덴마크의 학교와 닮았다. 우리 안에 있는 덴마크이다.

새로운 씨앗을 뿌리는 사람들

우리 안의 덴마크는 '스스로, 더불어, 즐겁게' 공부하는 어른들의 모임에서도 발견할 수 있다. 나는 우리나라에 이렇게 많은 독서 모임이 있는 줄 몰랐다.

대구 달서구 성서동 주민들 3~4명은 10여 년 전에 '성서 지역 좋은도서관 만들기' 모임을 시작했다. 그들은 구청을 설득했다. '우리 동네에도 공공도서관이 있으면 좋겠다.' '민과 관이 함께 운영해보자.' '우리 주민들이 적극 참여해보겠다.' 결국 그 꿈이 실현되었다. 달서구립 성서도서관은 2008년 그렇게 만들어졌다. 이들은 약속대로 도서관 운영에 참여하기 위해 독서 동아리를 만들었다. 이름하여 '성서도서관친구들'. 처음엔 10여 명이 시작했는데 점점 확산되어 지금은 그런 모임이 일곱 개로 늘었고, 이름도 '대구도서관친구들'로 바꿔 활동 중이다. 각 모임은 한 달에 한 권씩 저마다 정한 책을 읽는데, 때때로 연대해 저자와의 만남 등의 행사를 열고 있다. 나도 그들의 초청을 받아 간 적이 있는데, 이렇게 꿈틀거리는 사람들이 주최하는 강연장에 가면 즐겁다. 덩달아 꿈틀거리고 싶어진다.

대구의 한 치과병원은 매월 1회 동네 주민들과 함께 한 권의 책을 읽고 그 저자를 초청해 강연을 듣는 모임을 연다. 원장과 직원들, 환자들, 그리고 동네 주민들이 함께 참여하는 이 모임의 규칙은 정시에 시작하고 모든 참석자들이 한마디씩 하는 것이다.

꿈틀거리는 데에는 세대가 따로 없다. 종로 옥인동의 길담서원은 2008년에 문을 연 인문학습공동체인데, 이 모임을 주도하는 이의 별명은 '소년'이다. 이 소년은 곧 여든을 앞둔 박성준 교수다. 신학박사 학위를 가지고 있고 대학 강단에서 평화학 강의를 오래 해온 그는 왜 계속 공부를 하고 있는 것일까? 그는 공부하는 것이 가장 쉽고 즐겁기 때문이라고 말한다. 이 즐거움은 살아 있는 공부를 하는 데서 나온다. 그에게 물었다.

"살아 있는 공부는 어떤 것인가요?"

"길담서원은 경전의 가치가 있는 고전 양서를 엄선하여 공부하지만 살아 있는 공부를 하고자 노력합니다. 공부를 함으로써 내가 변하고 우리가 변하며 나아가 세상을 변화시키는 공부가 살아 있는 공부라고 생각합니다."

길담서원에서는 월요일부터 토요일까지 20개 정도의 작은 공부 모임이 매일 열린다. 이곳에 직접 와서 공부하는 회원은 1년에 300여 명이고, 온라인 회원은 9000여 명에 이른다. 길담서원의 독서 모임과 강연장에는 대체로 이야기와 함께 음악과 포도주가 있다. 살아 있는 공부를 위해 서두르지 않고 여유 있게 즐기면서 하자는 뜻이 담겨 있다. 참석자들에게 포도주를 따라주는 박 교수의 얼굴은 소년의 미소를 머금고 있다.

한번은 그가 시화전을 연다고 하기에 길담서원으로 달려갔다. 그는 《우리도 행복할 수 있을까》 강연을 길담서원에서 주최한 적도 있고 따로 내 강연을 두 번이나 더 듣기도 했다. 내 책 속 문장을 포함한 짧은 글귀를 적어 내게 액자 선물도 해주었는데, 선택한 문장도 맘에 들뿐더러 글자들이 풋풋하고 힘차서 더 좋았다.

우리에게도 내일이 온다.
그 내일은 우리의 오늘이 만들어간다.
그러므로 오늘 우리가 어떤 씨앗을 뿌리느냐에
우리의 내일이 달려 있다.
지금 곳곳에서 새로운 가치의 씨앗을 뿌리는 사람들이 있다.
우리 안에 덴마크가 자라고 있다.

공부와 실천, 이 두 가지를 잘 배합하면서 조직의 건강성을 유지하고자 노력하는 곳 중 하나가 소비자생활협동조합 아이쿱이다. 나는 전국의 아이쿱 지부를 대상으로 《우리도 행복할 수 있을까》 강연을 20회 정도 했다. 각 지부는 서로 독립적으로 활동하면서 협동조합이 무엇인지에 대한 기본 철학을 공유하고 있었다. '내가 행복하려면 우리가 행복해야 한다' '나를 사랑하고 내 이웃을 사랑하자'는 협동조합의 철학은 덴마크를 행복지수 1위의 나라로 만든 철학이기도 하다.

한번은 덴마크로 떠나는 꿈틀비행기에 아이쿱 간부가 4명 탔는데, 그들과 7박 9일간 이런저런 이야기를 나눌 수 있었다. 덴마크의 학교를 가도, 회사를 가도 그들의 표정은 다른 참여자들과는 조금 달랐다. '아, 부럽다'에 그치는 것이 아니라 '우리와 같구나. 그래, 우리가 틀린 게 아니었어'라는 확신의 표정이었다.

아이쿱 회원 중 일부는 꿈틀리 인생학교 같은 곳을 만들기 위해 논의 중이다. 소비자협동조합 운동을 넘어 교육의 판을 바꾸는 길을 모색하고 있다.

사랑을 시작하기 위하여

행복한 인생, 행복한 사회를 만드는 일에는 진보와 보수가 따로 없다. 서울과 지방이 다르지 않다. 민과 관이 함께 갈 수 있다. 대기업도 자영업자도 그 길로 가야 한다고 동의한다.

나는 진보로 분류되는 〈오마이뉴스〉의 대표기자지만 《우리도 행복할 수 있을까》를 가지고 보수 세력들도 만났다. 보수 지역이라는 경상북도 도청과 대구교육청에서도 강연을 했다. 대기업 관계자들 모임은 물론 청와대와 국회에서도 했다. 이렇듯 성향이 다른 여러 부류의 집단과 사람들을 만났지만, 그들이 다 같이 공감하는 것을 정리해보면 이렇다.

'우리 사회 이대로는 안 된다. 바꿔야 한다.' '초등학생 때의 표정이 고3 때까지 유지되는 학교생활이 되면 좋겠다.' '직장인들이 주말만 기다리는 것이 아니라 주중 일터에서도 즐거운 사회가 되면 좋겠다.'

대기업 관계자들이 모이는 한 조찬 포럼에서는 40여 명의 청중이 내가 예상한 것보다 더 열심히 강연을 들었다. 강연이 끝나자 한 회원이 다가와 말했다.

"나부터 꿈틀거리겠습니다."

그로부터 한 달 후, 그는 직원을 보내 꿈틀리 인생학교를 둘러보게 했고 후원금을 기부했다.

대구교육청은 보수적이라는 평가를 받는 곳이다. 그런 곳에서 내 강연을 다섯 차례나 요청했다. 대구의 중학생, 교사, 장학사, 학부모 등 대상이 다양했다. 한번은 우동기 대구시교육감도 1시간 20분짜리 내 강연을 다 들었다. 그리고 얼마 후 대구교육청 관계자로부터 연락이 왔다.

"꿈틀리 인생학교 대구 캠퍼스를 만들어보면 어떨까 하는 논의를 시작했습니다. 설립과 운영은 민간에서 하고, 교육청은 공교육 교사를 파견하거나 학생들의 급식비를 지원하는 모델을 생각해보고 있습니다. 꿈틀리 인생학교와 대구교육청이 협력해서 만들어보면 좋겠습니다."

반가운 제안이었다. 이 발상이 실현되려면 크고 작은 산들을 넘어야겠지만 일단 씨앗은 뿌려졌다. '쉬었다 가도 괜찮아. 다른 길로 가도 괜찮아. 잘하지 않아도 괜찮아'라는 3대 학생 복지를 구현할 인생학교의 씨앗은 이렇게 뿌려지고 있다.

나만 꿈틀거리는 것이 아니라 옆 사람도 꿈틀거리는 것을 확인할 때 우리는 힘을 얻는다. 내가 존경하는 언론인이자 사회혁신가인 헨리 조지(Henry George, 1839~1897)는 더불어 행복한 사회가 어떻게 가능한지를 연구하고 실천하면서 평생을 보냈다. 그가 20년 동안 모든 것을 바쳐 쓴 책《진보와 빈곤》에서 딱 한 줄만 건져내라면 나는 이것을 꼽는다.

"우리는 서로 같은 별을 바라보고 있는 것만으로도 힘을 얻는다."

그런 믿음으로 사단법인 꿈틀리가 만들어졌고 꿈틀버스, 꿈틀비행기가 운행되고 있다. 꿈틀비행기가 덴마크로 떠나는 행복여행이라면, 꿈틀버스는 우리 안의 덴마크, 행복사회를 위해 꿈틀거리는 현장을 찾아가는 프로그램이다.

꿈틀버스는 충남 홍성의 풀무농업고등기술학교와 그 학교를 기반으로 형성된 풀무공동체를 찾아가 꿈틀거림의 어제와 오늘을 공부하기도 했다. 1958년에 만들어진 한 시골의 학교가 '내가 행복하려면 우리가 행복해야 한다'는 철학으로 학생들을 키워낼 때 어떻게 동네를 바꾸고, 면을 바꾸고, 군을 바꾸는지를 배웠다. '제대로 된 씨앗을 뿌리면 이렇게 꽃으로 피어날 수 있구나.' 다른 한편으로 참가자들은 홍성에서 핀 꽃들이 품고 있는 씨앗들이 왜 전국으로 퍼지지 못했는가에 대해 토론했다. 토론 끝에 지금이라도 번지게 하자는 결론을 내렸다.

꿈틀버스는 꿈틀거리는 지방자치단체도 찾아갔다. 광주의 광산구에서는 민간이 주도하고 관이 협력하는 주민자치형 사회복지가 어떻게 가능한지를 배웠고, 서울의 성북구과 노원구에서는 삭막한 도시에서 마을공동체가 복원되는 모습을 견학했다. 그 과정에서 신기한 발견을 했다. 꿈틀버스는 정원이 30여 명이었는데 그중에는 해당 지역에 사는 이들도 있었다. 나는 프로그램을 마칠 때 그들에게 소감을 물어봤다. 비슷한 답이 돌아왔다.

"우리 지역에서 이런 일들이 벌어지고 있는지 저도 몰랐어요. 신기해요. 우리 지역, 우리 동네의 꿈틀거림을 더 알아보고 싶다는 생각이 들었습니다."

그렇다. 꿈틀거리는 사람들을 만나보면 긍정의 힘이 생긴다. 이런 마음이 생긴다.

'알고 보면 우리나라, 우리 동네도 꽤 괜찮아. 우리가 생각한 것보다 더.'

꿈틀거림을 번지게 하려면 우선 그동안 꿈틀거려온 사람들이 외롭지 않아야 한다. 우리는 그들에 대해 존경과 감사의 마음을 갖는 것이 필요하다. 대한민국이 여러 가지로 문제가 많은 사회이지만, 남북으로 분단까지 되어 있어 문제들이 더 복잡하게 꼬여 있지만,

우리도 사랑할 수 있을까

우리가 그나마 이 정도의 경제성장을 이루고, 이 정도의 민주주의를 누릴 수 있는 것은 그동안 꿈틀거림의 역사가 이어져왔기 때문일 것이다. 꿈틀거려온 사람 스스로도 본인에 대해 관대한 평가를 해줄 필요가 있다. 나의 꿈틀거림의 성과뿐 아니라 한계도 보듬어주면 좋겠다.

덴마크를 행복사회로 만드는 기반을 조성한 그룬트비도 완벽한 인간이 아니었다. 그는 신이 아니었다. 그도 우울증에 걸린 적이 있고, 실의에 빠져 흔들린 날들도 있었다. 신은 공평해서 모든 선발 주자에게 두 가지 역할을 부여한다. 한편으로는 매력을 전파하고 또 한편으로는 한계를 노출하게 한다. 그러니 완벽주의에 빠져 스스로 주눅 들지 말자. 나는 왜 이 정도밖에 못했을까 자책하지 말자.

'잘하지 않아도 괜찮아'는 학생들에게만 해당되는 복지가 아니다. 꿈틀거리는 사람들도 이 복지를 누려야 한다. 나의 한계에도 불구하고 나는 존엄과 가치가 있는 존재이다. 나의 한계도 쓸모가 있다. 나의 한계가 있기 때문에 후발 주자들이 그것을 교훈 삼아 한 단계 더 높은 꿈틀거림을 만들어낼 수 있다. 꿈틀거리는 나를 사랑하되 나의 한계도 사랑해주자.

내가 《우리도 행복할 수 있을까》를 펴낸 2014년 가을은 세월호 비극의 여파 속에서 국민들이 아파하고 있을 때였다. 그즈음에 책을 읽은 광주의 한 교감 선생님은 페이스북에 묵직한 독후감을 남겼다. 책을 읽으며 "몇 번이나 눈물을 흘렸다"면서 "그룬트비를 만나고 싶다"고 했다.

덴마크 행복사회의 비밀을 엿보는 일은
짜릿함과 동시에 묵직한 아픔이었다.
나는 왜 이토록 행복한 이야기를 대하며
몇 번이나 눈물을 흘려야만 했는지……

우리도 행복할 수 있을까?
우리에게 희망이 아직 남아 있는 것일까?
하는 아픈 자문이 책을 읽는 내내 끊이지 않았기 때문이리라.

저자인 오연호 대표는 그의 뛰는 가슴이 전해져
독자가 조금이라도 행복해지길 바란다 했으나
내 독후 감상은 '묵직한 통증'과 '비장한 다짐'이다.
아프지만 희망의 씨앗을 계속해서 뿌려야겠다는!
그룬트비를 만나러 떠나고 싶은 꿈 하나를 더한다.

저자인 나도 이 독후감을 읽으니 눈물이 왈칵 쏟아지려 했다. 나는 심호흡을 몇 차례 하며 눈을 한참 동안 감고 있다가 댓글을 적었다.

우리도 사랑할 수 있을까

눈물을 흘리게 해서 죄송합니다. 선생님 속에 그룬트비가 있어요.

　그랬더니 댓글이 금방 달렸다.

제 안에 그룬트비가? 확 깨어나게 하는 메시지입니다.
매일 만나야겠어요.

　그렇다. 우리 안에 덴마크가 있고, 당신의 가슴속에 그룬트비가 있다. 당신이 꿈틀거리기 시작한 순간, 당신이 곧 그룬트비다. 덴마크가 행복사회가 된 것은 그룬트비뿐 아니라 그의 길에 공감한 수많은 이름 없는 그룬트비들이 그 길을 함께 걸었기 때문이다.

　나는 내 고향 전남 곡성군 죽곡면 용정리에 갈 때마다 버릇처럼 동네 앞에 흐르는 보성강가로 내려간다. 어린 시절 여름날이면 거의 매일 그 강에서 물장난을 쳤던지라, 그 강가에 서면 자동적으로 지나간 나의 인생이 흐르는 강물에 비춰진다. 그런데 되돌아보면 그 동네 앞 강줄기의 모습은 어린 시절 내가 봐왔던 것에 비해 참으로 많이 바뀌었다. 특히 강 언덕의 모습이 그렇다.
　무엇이 이런 변화를 가져왔을까? 어느 여름철의 큰 홍수가 결정타를 때렸을 수도 있다. 그러나 그런 일은 어쩌다 한 번 일어난다. 그 강에 갈 때마다 언제나 변함없이 목격되는 움직임은 무엇인가.

그것은 잔물결이다. 찰랑거리는 잔물결.

나는 잔물결을 좋아한다. 잔물결 대열을 향해 돌을 던져 물수제비를 뜨며 놀았던 기억이 있어서 더 그런지 모르겠다. 잔물결은 움직임이 크지 않지만 지치지도 않는다. 요란하지 않지만 끊임없이 계속 시도한다. 그리고 잔물결은 혼자 노는 법이 없다. 늘 앞뒤로 친구를 두고 움직인다. 그 찰랑거리는 잔물결이 결국 강 언덕의 모양을 바꾸고 강줄기의 흐름을 바꾼다.

잔물결 한 번의 찰랑거림으로는 강 언덕이 바뀌지 않은 것처럼 보인다. 마찬가지로 당신의 꿈틀거림 한 번으로는 행복사회가 오지 않은 것처럼 보일 것이다. 그러나 그 잔물결들이 모여 강줄기를 바꾸듯이 우리의 꿈틀거림이 모여 세상을 바꾼다.

우리도 행복할 수 있을까?

4년 전에 나는 이 생각을 물음표와 함께 독자들에게 던졌다. 그 후 801회의 강연 현장에서 10만 명의 꿈틀리 주민을 만났다. 이제 나는 말할 수 있다.

꿈틀거리는 당신이 있기에

스스로를 사랑하고 이웃을 사랑하는 당신이 있기에

이제 말할 수 있다.

물음표를 느낌표로 바꿔

우리도 행복할 수 있다!

우리도 사랑할 수 있을까

1판 1쇄 펴낸날 | 2018년 2월 23일
1판 10쇄 펴낸날 | 2024년 9월 25일

지은이 오연호
펴낸이 오연호
편집장 서정은   마케팅·관리 이재은

펴낸곳 오마이북
등록 제313-2010-94호 2010년 3월 29일
주소 서울시 마포구 월드컵로14길 42-5 (04003)
전화 02-733-5505(내선 271) 팩스 02-3142-5078
홈페이지 book.ohmynews.com 이메일 book@ohmynews.com
페이스북 www.facebook.com/Omybook

책임편집 김초희
교정 김인숙
디자인 여상우
인쇄 천일문화사

ISBN 978-89-97780-27-3   03300

오마이북은 오마이뉴스에서 만드는 책입니다.